LES GOÛTERS DES SORCIERS

魔法使いたちの料理帳 III

オーレリア・ボーポミエ

田中裕子 訳

原書房

きちんと生きていくにはお菓子とチョコレートが必要だと教えてくれた、エロイーズ、エミリー、フォースティンへ。

アレクサンドラ・Lと彼女のここ数年間の生徒たち（エミー、フランソワ、コンスタンス、ガブリエル、エミリー、マリウス、クロエ、コランタン、ヘイリー、バティスト、マヤ、オリヴィエ、エヴァ、アクセル、レナ、ルカ、ガブリエル、ティミー、アリシア、リアム、タリア、バンジャマン、エタン、ティメオ、ノア）へ。

開け、本よ！

魔法使いの食卓へ
ようこそ！

本書に登場する
魔法使いたち

アブラカ

アブラカは、魔法の見習いのために、イマジの国から地球に
やってきた女の子。カラボス家の男の子で、ビデオゲームが
大好きなフィルマンと仲よくなった。ふたりは、近所のちっちゃ
な女の子のリュリュ、猫のコクリュシュと一緒に、問題を抱
えたおとぎ話の登場人物たちを助けようと奮闘する。2016
年にフランスで発売されたビデオゲームで、2019年にはテレ
ビアニメにもなった。
P100、139

アラジンと魔法のランプ

貧しい青年アラジンは、強大な魔力を持つ魔法使いのジャ
ファーから、洞窟にある汚いランプを取ってくるよう命じられ
た。ランプが見つかるとすぐに「それをよこせ」と命じるジャ
ファー。しかしアラジンは、先に洞窟から出してくれないと渡
さない、と断った。ジャファーは怒って洞窟の扉を閉めてし
まう。困ったアラジンが暗闇の中でランプをこすると、中か
ら魔神が現れ、願い事をなんでも叶えてくれるという。こう
して無事に洞窟から抜けだしたアラジンだが、魔神を手下に
したいジャファーは、どんな手を使ってもランプを手に入れよ
うとして……。
P84

バーバ・ヤーガ

ロシアやポーランドの民話にたびたび登場する、絶大な魔力
を誇る魔女。ニワトリの足の上に建つ小屋に住み、魔法の
道具や呪文を駆使して、子どもや旅人にひどい悪さをしかけ
る。恐ろしい魔法使いとして知られる一方、実は善良で慈
悲深い一面も併せ持っているという。スラヴ民話には古い
魔術を使うバーバ・ヤーガがよく出てくるが、どれもわくわく
させられるものばかりだ。
P162

チャーリーとチョコレート工場

貧しいながらも家族と幸せに暮らしていた少年、チャーリー・
バケット。ところがある日、父親が勤め先のハミガキ工場を
リストラされてしまう。そんな時、憧れの天才ショコラティエ、
ウィリー・ウォンカが「当社の板チョコに金のチケットを5
枚同封する。当たった子を工場に招待する」と告知。世界じゅ
うの子どもたちは大興奮。そして運よくそのうち1枚をチャー
リーが引き当てた。ウォンカの元従業員であるジョーおじい
ちゃんと一緒に、チャーリーは工場で不思議な出来事を次々
と体験する。ロアルド・ダールの児童小説『チョコレート工
場の秘密』（1964年）の映画化作品。
P64、86

ミルドレッドの魔女学校

ミルドレッド・ハブルは、カックル魔女学校に通うドジな見習い魔女。一生懸命勉強しているのに失敗ばかりで、「サイアクの魔女（ワーストウィッチ）」と呼ばれてしまう。親友のモードや猫のトラ（使い魔といえば黒猫が定番なのに、なぜか虎猫）と一緒に、学校で巻き起こるさまざまなトラブルに果敢に挑む。ライバルのエセル・ハロウの意地悪にだって屈しない！　ジル・マーフィ原作の児童文学シリーズ（原題は『ワーストウィッチ』）で、2017年にテレビシリーズも製作された。

P27、55、107

アステリックス

小さくて賢いアステリックスと、相棒のやさしくて怪力のオベリックスは、古代ガリアの小さな村で暮らしている。長いヒゲをはやした白いチュニック姿のドルイド僧、パノラミックスは、村じゅうみんなが頼りにしている長老だ。歴代のドルイド僧だけが調合できるという魔法の薬を飲めば、誰もが超人的な力を発揮できる。この薬を手に入れるために村を襲うローマ軍と、アステリックスたちは日々戦っている。ルネ・ゴシニ（原作）とアルベール・ユデルゾ（作画）による人気コミック。

P68、133、172

チャームド　魔女3姉妹

アメリカで1998～2006年に放送されたテレビドラマシリーズで、プルー、パイパー、フィービーのハリウェル3姉妹（第4シーズンからは異父妹のペイジが加わる）が活躍する。ある日、サンフランシスコの実家で、フィービーが『影の教典』という魔術書を発見。そこに書かれた呪文を唱えた途端、不思議な力を発揮しはじめた。そう、3人は魔女の血を引いていたのだ！　姉妹はふつうの人間として暮らしながら、魔物評議会（トライアッド）から送られてくる刺客たちと戦い、魔力をパワーアップさせていく。3姉妹の好物はハロウィン定番のカボチャのお菓子だ。

P104、142

リメンバー・ミー

伝説のミュージシャンの故エルネスト・デラクルスに憧れて、ギタリストを夢見ている12歳のミゲル。ところが、ミゲルの家では代々音楽が禁止されており、家族からは靴屋を継ぐよう命じられていた。亡くなった先祖が帰ってくるという〈死者の日〉、音楽コンテストへの出演を決意したミゲルは、デラクルスの霊廟に忍びこみ、彼が生前使っていたギターを盗みだそうとする。するとどうしたことか、ミゲルは死者の国へ飛ばされてしまい、夜明けまでに先祖の誰かの許しを得ないと、二度と生者の国へ戻れなくなってしまった……。2017年にアメリカで製作・公開されたコンピュータアニメーション映画。

P23

ダンジョンズ&ドラゴンズ

1974年、アメリカ人ゲームデザイナーのゲイリー・ガイギャックスとデイヴ・アーンソンによって製作された、世界初のテーブルトークロールプレイングゲーム。のちのRPGにおけるルールの基礎を構築した作品で、ルールブック、キャラクターシート、紙とペン、専用のサイコロ（ダイス）、バトルマップを使ってプレイする。中世を舞台にしたファンタジー世界を背景に、エルフ、オーク、ドワーフ、ドラゴン、デーモンといったキャラクター・モンスターたちが、さまざまな魔法や呪文を駆使して熾烈なバトルを繰り広げる。本作を原作とする映画が2023年に公開された。
P19、37、167

ドクター・ストレンジ

天才神経外科医としてその名を轟かすドクター・ストレンジ。しかしその性格は不遜で傲慢。貧乏人をないがしろにして、金持ちしか相手にしない。ところがある日、飲酒運転で事故を起こしてしまい、ケガのせいで外科手術ができないからだ。絶望にとらわれる中、どんな病でも治せるという魔術師の噂を聞いてチベットへ向かう。結局、ストレンジは魔術師エンシェント・ワンに弟子入りすることになり、神秘的な魔術を身につけ、魔法の道具である浮遊マントと首飾りを授かった。
P63、96

ティンカー・ベル

スコットランド人作家、J・M・バリーが1904年に創作した『ピーター・パン』の登場人物。彼女が振りまく妖精の粉を浴びると、ロストボーイやダーリング家の子どもたちは空を飛べるようになる。ピーター・パンに恋心を抱き、ウェンディに嫉妬する。「からだが小さすぎて一度に2つ以上の感情を抱けない」ため、やさしくしたり意地悪をしたりと気分がころころ変わる。嫉妬心からピーターの隠れ家をフック船長に教えてしまうこともあれば、ピーターを助けるためにフック船長がしかけた毒薬を代わりに飲み干すこともある。
P25、131

フランケンシュタイン

イギリスの作家、メアリー・シュリーが1818年に発表した小説。天才的科学者のフランケンシュタイン博士は、理想の人間を作るつもりだったのに、なぜかおぞましい容貌の怪物を創造してしまった。自らの創造主にも社会にも見放された怪物は、やがて狂気に陥り、悲惨な運命をたどっていく……。ゴシック小説・映画の代表作であり、現在もテレビドラマ、CM、コンピュータゲームなどでさかんに取り上げられている。作品ごとに怪物の見た目は異なるが、映画『フランケンシュタインの花嫁』（1935）で、ボリス・カーロフが演じた姿がもっともよく知られている。
P154

ヒックとドラゴン

イギリスの作家、クレシッダ・コーウェルによる同名の児童
文学をベースにした、3Dアニメ映画とドラマシリーズ。北国
に暮らすバイキング一族は、長く敵対関係にあったドラゴン
と和解し、平和に暮らす道を歩みはじめた。少年ヒックと
漆黒のドラゴンのトゥースも、共にからだのハンデを背負い
ながら、互いに信頼しあって成長していく。そして彼らは勇
敢な仲間やドラゴンたちと協力しあって、非道なドラゴンハン
ター軍団に立ち向かう。
P49、103、180

チョコレート・ファクトリー・ゴースト

スコットランドの小さな町、ダンドゥードゥルに暮らす少年
アーチーは、ある日突然、大手菓子メーカーのマクバッジ
製菓を大叔父から相続した。ところが、さあ大変！ 世界
的に人気が高いあのマクバッジ・ファッジのレシピがどこか
へ行ってしまった！ アーチーは、ものづくりの天才のフリス、
神話や伝説に詳しいビリー、そして愛犬のシャーベットと一
緒に、秘伝のレシピを探す冒険に出る……。イギリスの作家、
デイヴィッド・オコーネルによる児童小説（未邦訳）。
P83、184

ヘンゼルとグレーテル

グリム兄弟によって編纂された、世界でもっとも有名な童話
のひとつ。兄のヘンゼルと妹のグレーテルは森の中で道に
迷ってしまい、世にも不思議な家にたどり着いた。なんと家
全体がビスケットやキャンディなどのお菓子でできているの
だ。ふたりは夢中になってお菓子を食べはじめるが、実はそ
の家には子どもを食べてしまう魔女が暮らしていた。捕らえ
られたふたりは、機転をきかせてこの危機を回避しようとし
て……。
P159

ハリー・ポッター

Ｊ・Ｋ・ローリングの人気ファンタジー小説シリーズで、映画
化作品も大ヒット。孤児として育った少年ハリー・ポッター
は、ある日突然、自分が魔法使いだと知る。しかも、両親
を殺した闇の魔法使い、ヴォルデモート卿を倒す運命を背
負った〈選ばれし者〉として魔法界から注目を集めていたの
だ。ハリーはホグワーツ魔法魔術学校に入学し、親友のロ
ン・ウィーズリー、ハーマイオニー・グレンジャーと共に魔
術の勉強をする。そしてアルバス・ダンブルドア校長と冗談
を言い合ったり、謎めいた教師のセブルス・スネイプ先生
から魔法薬の調合法を教えてもらったりする。
P50、115、183

ホーカスポーカス

ハロウィンの夜、セイラムの小さな町で、迷信を信じないマックスは黒い炎のロウソクに火をつけてしまう。ところが、あの言い伝えはやはり嘘ではなかった。17世紀にかけられた呪文はいまだ有効で、ウィニー、メアリー、サラのサンダーソン魔女3姉妹が現代に蘇ってしまったのだ！　3人は〈魔術の本〉を駆使し、ウィニーの元カレであるビリー・ブッチャーソンに手伝わせて、セイラムの住民たちに復讐をし、今度こそ不死の魂を手に入れようとする……。親愛なる読者諸君、ぜひ覚えておいてほしい。たとえ時代が移り変わろうが、決して、決して、ハロウィンの夜に黒い炎のロウソクを灯してはならない。
P20、127

モンスター・ホテル

モンスターたちは、人間がそばにいると思うと心穏やかではいられなくなる。だからこそ、ドラキュラ伯爵——親しい者たちからは「ドラさん」と呼ばれている——は、世界じゅうのモンスターが安心して過ごせるよう、モンスター御用達の豪奢な高級ホテルを経営しているのだ。そうして平穏な日々を過ごしていたある日、なんと人間がホテルに迷いこんできた！　その日は、愛娘メイヴィスの118歳の誕生パーティー。最悪なことに、娘はその人間に恋してしまった。やがてふたりは結婚し、ドラさんはドラじいじになって……。でもこれ以上は秘密。みんな、ぜひ映画を観てね。
P29、134

魔女の宅急便

魔女一族の家に生まれたキキ。でも立派な魔女になるには、よその町で1年間修業をしなくてはならない。こうしてキキは、愛猫ジジと一緒にほうきに飛び乗り、海を目指して南へと旅立った。海辺の小さな町にたどり着いたキキは、パン屋のおかみのおソノさんに気に入られ、ほうきに乗ったパンの宅配業をスタートさせる。角野栄子の児童文学を原作とした、宮崎駿監督のアニメ映画作品。
P45

ロックウッド除霊探偵局

イギリスで奇怪な現象が現れはじめたのは数十年前。日が落ちると、国じゅうあちこちに危険な霊が出没する。幽霊、亡霊、悪霊たちが街じゅうを徘徊し、社会に悪影響を及ぼしていた。問題を解決するために、除霊関連企業は超能力を持つ子どもたちを雇用した。霊の居場所を突きとめて退治できるのは未成年だけだからだ。そんなある日、ロンドンでロックウッド除霊探偵局が創業。子どもだけで運営される探偵局で、反骨心のあるアンソニー・ロックウッド局長、調査オタクのジョージ、高い霊聴力を誇るルーシーの3人で活動している。彼らはもっとも危険な第III種の霊にも立ち向かい……。ジョナサン・ストラウドによる児童小説シリーズ。ネットフリックスでドラマ化もされた。
P92、185

ハリー・フーディーニ

実在した人物で、史上もっとも有名な奇術師のひとり。19世紀末、大がかりな仕掛けを用いたイリュージョニストとして主にアメリカで活躍し、人間や動物やモノを消したり（ゾウさえも！）、遠くへ移動させたりした。とくに脱出術を得意とし、あらゆる拘束具や水牢から抜け出して、ほとんどすべての錠前を破った。留置場や刑務所の独房からも脱出できると主張したため、実際にやらせてみるとなんと3分でやり遂げたという。
P70、118

ジュマンジ

スペンサー、フリッジ、マーサ、ベサニーの4人の高校生が、学校の地下室でゲーム機を発見した。なかには見知らぬゲームソフトが入っている。早速ゲームを始める4人。ところが、全員モニターの中に吸いこまれてしまう。そこにはジュマンジというゲーム世界のジャングルが広がり、彼らはキャラクターとしてゲームをプレイしなければならなかった。その過程で、20年前からジュマンジにいるというアレックスに出会う。はたして5人は現実世界に戻れるのか？　あるいはこのままジュマンジに閉じ込められ、3つのライフが尽きるまで戦いつづけなくてはならないのだろうか？
P34、128

ハットメーカーズ

指先にわずかな狂気と魔法を……これは、魔法の帽子を代々制作してきた帽子職人一族、ハットメーカー家に伝わる金言だ。ある時、帽子の材料を探す旅に出たプロスペロ・ハットメーカーが、航海中に行方不明になった。誰もが諦めてしまったなかで、娘のコーデリアだけは父の生存を信じて探しだそうとする。コーデリアは、宿敵ブーツメーカー家（靴職人一族）の少年グース、浮浪児のサムと協力しあって、陰謀や策略を打破し、王国を救うためにあらゆる手段を駆使して戦う。イギリス人女優・作家のタムジン・マーチャントによる児童小説（未邦訳）。
P39、79

メアリー・ポピンズ

オウムの把手がついたコウモリ傘、赤い果実と白い花で飾られた帽子、じゅうたん生地のカバン、完璧な経歴、特徴的な笑み……メアリー・ポピンズは非の打ちどころがないナニー（乳母兼家庭教師）だ。バンクス家に雇われた彼女は、一風変わったやり方で子どもたちの世話をする。公園では友人のバートが描いた絵の世界に入りこみ、不思議な世界で一日じゅう遊び回る。アルバートおじさんの家を訪ねた時は、笑い転げながら天井でティータイムを満喫する。そしてロンドンの屋根の上を散歩しながら、激しいダンスを踊りまくる。P・L・トラヴァースによる児童小説で、1964年と2018年にミュージカル映画化された。
P43、121、136

ウェンズデー

問題を起こして高校を退学になったウェンズデー・アダムスは、かつて両親が在学していたというネヴァーモア学園に転校させられた。同級生はみな、人狼、セイレーン、ヴァンパイア、霊能者といった特別な能力を持つ「のけ者」たち。ところが転校後間もなく、小さな町で奇怪な殺人事件が発生する。友だちなんかいらないと思っていたウェンズデーだが、どうやらこの事件が自分の見た幻視に関わっているらしいと知り、〈ハンド〉や友人たちと一緒に真相解明に取りかかる。
P33、140、148、179

魔術師マーリン

歴史上もっとも有名な魔法使いのひとり。気まぐれでプライドが高い一方、万物を知り尽くし、生物のみならず無生物も意のままに操り、冗談といたずらが好きで、姿形を自在に変えられ、天文学を熟知する。子どもになったり老人になったりしながら、時代を超えて旅をする。時間旅行ができるおかげで、未来の出来事を予言したり、不思議な出来事の原因を解明したりできる。ストーンヘンジの建造、アーサーの王座君臨、聖剣エクスカリバー、円卓の騎士の結成などについても熟知している。
P99

クリスマス

喜びと分かち合いを象徴するクリスマスは、もっとも美しくて清らかな魔法の日だ。その名を聞けば、よい子であろうがなかろうが、子どもたちは誰でも瞳を輝かせる。キリスト教徒はキリストの降誕を祝い、異教徒は冬至と太陽の復活を祝う、誰にとってもキラキラ輝くシーズンだ。そしてもちろんサンタクロースがいる。白いヒゲを生やした老人で、1年かけて作った大量のプレゼントを、なんとたった一晩で世界じゅうの子どもたちに配達してしまう。彼以上に不思議な魔法使いはどこを探しても見つからないだろう。
P91

ノストラダムス

16世紀フランスで活躍した医師、薬剤師、占星術師で、本名はミシェル・ド・ノートルダム。王妃カトリーヌ・ド・メディシスに重用され、息子である国王シャルル9世の常任侍医兼顧問に任命された。薬草や植物の調合に大きな関心を抱き、ジャム（コンフィチュール）の医学的な効用を信じて、フランス最古のジャムレシピ集『化粧品とジャム論』を執筆・刊行している。だが後世においては、むしろ『予言集』でその名を知られており、「1999年7の月、空から恐怖の大王が来る」という〈大予言〉が世界じゅうの人たちを震え上がらせた。
P52

ナルニア国物語

『ライオンと魔女』で、ナルニア国は、天魔のジンと巨人族のハーフ、ジェイディスこと〈白い魔女〉に支配され、永遠に「クリスマスのない冬の時代」にさせられてしまった。だが、心やさしいフォーン、頼もしいセントール、仲睦まじいビーバー夫妻、アダムの2人の息子とイブの2人の娘たちは、力を合わせて悪の支配者に立ち向かう。こうして白い魔女は、ピーター、スーザン、エドマンド、ルーシィのペベンシーきょうだいの活躍によって失脚し、ナルニアの創造主であるアスランによってベルナの戦いで倒された。やがて、ナルニア国に黄金時代がやってくる。
P112、143

ニコラス・フラメル

ニコラス・フラメルは、14世紀初めにフランスのパリ近郊で生まれた、出版業者、錬金術師、篤志家、資産家。非常に裕福な暮らしをしていたことから、卑金属を黄金に変えて〈賢者の石〉を製造していると噂された。「ハリー・ポッター」シリーズ第1作『ハリー・ポッターと賢者の石』では、ヴォルデモートが完全な魔力を手に入れるために賢者の石を盗もうとする。「ファンタスティック・ビースト」シリーズにも登場。
P88

ブリス

ブリス一家は、カラミティ・フォールズの小さな町で、ごくふつうの菓子店を細々と営んでいる。だが、この一家には代々伝わる秘密があった。魔法の料理帳だ。両親の留守中、ローズマリー（ローズ）、パセリ（リー）、タイム（タイ）、セージの4人きょうだいは、その禁断の料理帳からいくつかのレシピを作ってみた。すると思いがけないことが次々と起こり、小さな町は大混乱に！　そんな時、〝リリーおばさん〟と名乗る女性がやってきて、店の切り盛りを手伝ってくれた。だが、この一見親切な〝おばさん〟は、本当にきょうだいのためを思っているのだろうか……。アメリカ人女優で作家のキャスリン・リトルウッドによる児童小説（未邦訳）。
P40、42、157

ロバの皮

ある王国に、類いまれなる美貌の王妃がいた。彼女は亡くなる直前、夫である王に遺言を残した。自分より美しい女性が現れるまでは決して再婚しないでほしい、と……（愛する娘が継母にいじめられるのを心配したからだ）。王は何年もその約束を守りつづけたが、ある時、成長した娘の王女が母親以上に美しく育ったことに気がついた。王は娘と結婚すると宣言した。嫌がる王女に名づけ親である妖精が助言する。父親に無理難題を突きつけて、叶えられたら結婚すると言えばいい、と。ところが王は、娘のどんな頼みもすべて叶えてしまう。困りはてた王女は、ロバの皮を身にまとい、貧しい村娘に扮して森の中に逃げこんで……。シャルル・ペロー原作の童話で、映画化もされた。
P160

リトル・マーメイド

まわりに海洋生物しかいない生活に、すっかりうんざりしていた人魚姫のアリエル。父親のトリトン王から再三警告されていたにもかかわらず、海上に出て人間のエリック王子に恋をしてしまう。溺れかけた王子を助けたアリエルは、海の魔女のアースラがもちかけた取引に応じて、美しい声と引き換えに尾びれを脚に変えてもらうことに……。ハンス・クリスチャン・アンデルセンの『人魚姫』を原作とした、人間と人魚の許されざる恋の波瀾万丈の物語。
P26、67、171

サブリナ：ダーク・アドベンチャー

サブリナ・スペルマンはごくふつうの女の子。ただし、父親が魔術師だったことを除いては……。両親を亡くした彼女は、叔母のヒルダとゼルダ、従兄のアンブローズ、そして猫（もちろん黒猫！）のセーレムと一緒に暮らしている。人間と魔術師の混血であるサブリナは、16歳の誕生日にどちらとして生きるかを決めなくてはならない。人間の友人たちとふつうのハイスクールライフを楽しむか、すべてを捨てて〈夜の教会〉で闇の洗礼を受け、サタン（闇の主）を崇拝する魔女として生きるか。そんな時、サブリナは自分がサタンの地上の預言者として選ばれし存在だったと知り……。
P74、77、176

中つ国

かつてホビット族はハーフリング（小さい人）と呼ばれ、素朴でつましい暮らしぶりながらも、おいしいものをたくさん食べて愉快に暮らしていた。数世紀もの間（数千年とまでは言わないが）、ほかの土地での出来事には関心を抱かず、エルフに見守られていることにも気づかず、ガラドリエルやエルロンドが何を考え、何をしていたかも知らなかった……そう、あの〈一つの指輪〉が現れるまでは。ある日、指輪の力に導かれるようにして、ホビットのビルボ・バギンズは冒険の旅に出た。ハンカチを忘れるくらい慌てて家を飛び出して、平和な故郷から遠く離れた土地へ向かったのだ。
P111、147

セオドシア

1906年のロンドンが舞台の、冒険ファンタジードラマシリーズ。セオドシア・スロックモートンことセオは、エジプト考古学者の両親のもとで生まれ育った、考古学好きな14歳の女の子。好奇心旺盛で、勇敢で、不思議な魔力を備えたセオは、弟のヘンリー、友人で手品師のウィル、エジプトの王女のサフィヤと共に、ホルスの目の秘密を暴いたり、トート騎士団の悪事を阻止したりする。原作は、R・L・ラフィーバースによる同名の児童小説（未邦訳）。
P73、137

魔女がいっぱい

わたしたちのまわりには魔女がいっぱい潜んでいる。いったい何のために？ そう、地球上から子どもをひとり残らず消しさるためだ。魔女は薬で子どもをネズミに変えてしまう。だって、子どもって犬のうんちみたいに臭いから。でも、怖がらないで。魔女の見分け方を教えてあげよう。まず、いつも頭をかいている（カツラがかゆいから）。それから、鼻の穴が大きくて（子どもの臭いを嗅ぎ分けるために）、鉤爪を隠すために手袋をはめていて、足の指がなく、唾がインクのように青い。一番のボスは大魔女だけど、とくに手強いので気をつけて！ ロアルド・ダールの児童小説で映画化もされた。
P46、117

ストレンジャー・シングス　未知の世界

1983年のインディアナ州ホーキンス。ウィル・バイヤーズ少年が失踪した。超能力を持つ謎めいた少女のイレブン（エル）に導かれながら、友人たちはウィルの行方を追う。そして一見平和そうなこの町に何かがあると気づき、その謎を探ろうとする。同じ頃、ホーキンス研究所では、エネルギー省とCIAによって超常現象の研究が実施されていた。どうやらそこで行なわれている〈MKウルトラ計画〉がウィルの失踪に関わっているらしい……。ネットフリックスの人気ドラマシリーズ。
P80、108、150

トロールズ

ピンと立った蛍光色の髪がシンボルのトロール族は、全員大の音楽好き。しかし、平和なトロール王国にもしばしば問題が降りかかる。そのたびに立ち上がるのが、ポップ・トロール女王のポピー、そしてポピーの親友のブランチだ。ある時は、ロック・トロール女王のバーブと父親のスラッシュが、テクノ、ポップ、クラシック、カントリー、ファンクを消滅させて、王国をロック一色にしようと企てる。またある時は、ブランチの秘密の兄のジョン・ドリーから、かつての人気ポップ・バンド〈ブロゾーン〉を再結成しようと持ちかけられる……。アメリカのコンピュータアニメーション・ミュージカル・コメディ映画シリーズ。
P56、122

モアナと伝説の海

モトゥヌイ島の村長（むらおさ）の娘モアナは、幼い頃から珊瑚礁の向こうの海に憧れを抱いていた。やがて島の資源が枯渇しそうになると、「珊瑚礁を越えてはならない」という村の掟を破って航海に出ることに。モアナは、ニワトリのヘイヘイをお供に、〈神の釣り針〉を取り返しに行くという半神半人のマウイとタッグを組んで、行く手を阻む溶岩の悪魔テ・カァに立ち向かう。かつてマウイが奪ってしまったという〈心〉を、海に鎮座する命の女神テ・フィティに返しに行かなければならないのだ。ディズニーの3Dコンピュータアニメーション映画。
P85、168

ウィロー

ネルウィン族（小人）のウィロー・アフグッドは、小さな村で家族と仲良く暮らしていた。ある朝、川辺で人間の赤ん坊を発見する。長老の魔術師に命じられ、その子を村はずれに連れていき、最初に会ったダイキニ族（人間）に託すことに。出会ったのは、荒くれ者だが剣術に長けた戦士、マッドマーティガン。善の魔女フィン・ラゼルから魔法を教わったウィローは、マッドマーティガンと共に赤ん坊を守ろうとする。その子はエローラ・ダナンという名で、悪の女王バヴモーダを倒す運命を背負って生まれてきたのだ。

P30、78、175

ウィッチャー

アンドレイ・サプコフスキのファンタジー小説を原作とするドラマシリーズ。主要登場人物は、ウィッチャー（魔法剣士）である〝白狼〟ことリヴィアのゲラルト、魔法使いであるヴェンガーバーグのイェネファー、シントラ王国の王女のシリの3人。人間、ドワーフ、エルフ、モンスターたちが共存する大陸では、善悪が混沌とし、魔法が多用され、生き延びるには各人が戦うことを強いられる。

P144、180

ヤカリ／ポカホンタス

アメリカ先住民スー族の少年ヤカリは、一族が集団移動する直前に大草原へ向かった。仲良しの野生馬、プチ・トネールを探しに行ったのだ。ところがその途上で守り神の大鷲に出会い、動物と話ができる不思議な力を授かって……。原作はスイスのバンド・デシネで、フランスでテレビアニメ化、映画化されている（未邦訳）。

ポカホンタスは、アメリカ先住民ポウハタン族の娘。開拓者たちとの争いをやめさせようと尽力する。そして彼らにこの土地の美しさと豊かさをアピールし、これからも守り続けるべきだと主張する。ディズニーのアニメーション映画。

P60、156

ゆうれい作家はおおいそがし

児童小説作家のイグナチウス・B・ムッツリーは、かれこれ20年もスランプに苦しんでいた。そこで静かな環境とインスピレーションの源を求めて、墓地に隣接するオンボロ屋敷に移り住む。ところがその家には、両親に置き去りにされた少年シーモアと猫の影丸、そしてかつての女主人の幽霊オリーブがすでに住んでいて……。子ども嫌いで猫アレルギーの中年男ムッツリー氏、はたして新作は書けるのか？　アメリカの児童小説シリーズ。

P89、153

はじめに

　読者の皆さん、ごきげんよう。『魔法使いたちの料理帳 II』を出した時、もう続きは出さないつもりだった。このテーマでおいしいものや美しいものを紹介するのは、これで最後と思っていた。余計なことをして、これまでしてきたことを台なしにしたくなかったからだ。

　そのうち、コロナ禍になった。当たり前だったことがそうではなくなり、わたしたちは人生で本当に大切なものは何かと、自問自答するようになった。しばらくして状況がある程度おさまった頃には、みんなすっかり意気消沈していた。その頃だったと思う、あちこちで同じことを尋ねられるようになったのは。初めは、種をまくようにぽつりぽつりと、さりげなく、恐る恐る。それから徐々に大胆に、強い口調で。そう、友人や家族から聞かれたのだ。ねえ、本当の本当に『魔法使いたちの料理帳』シリーズは終わっちゃったの？　もう出さないの？　絶対に？

　こうして、まかれた種が芽を出して、新しい『魔法使いたちの料理帳』のアイデアが根を張りはじめた。

　わたしの心の中には、的確な場所が見つからなかったりはみ出したりしたせいで、前の2冊に載せられなかったレシピがまだくすぶっていた。紹介しきれなかった世界も残っていた。でも、本当にそれだけで新しい本を出せるのだろうか？

　そのうち、『ウェンズデー』がブレークし、『ダンジョンズ＆ドラゴンズ』が映画化され、わたし自身は『チョコレート・ゴースト・ファクトリー』に夢中になった。これはもうやるしかない！　すると次々とアイデアが湧いてきて、本シリーズでおなじみの編集者さんと一緒にああでもないこうでもないと熱く語りはじめた。そしてなんと、人気パティシエールのナッシラ（troiscoeursgourmands.com）が、本書の『ウェンズデー』と『フランケンシュタイン』のために作品を創作してくれることになった。

　本書『魔法使いたちの料理帳 III』では、ヴィラン（ジャファー、サンダーソン3姉妹、吸魂鬼など）、ダークヒーロー／ヒロイン（ウェンズデー、ロックウッド、サブリナなど）、クリーチャー（ドラゴン、ハンドなど）に、主にスポットを当てている。大ヒット作（ジュマンジ、ドクター・ストレンジなど）、不朽の名作（ロバの皮、アステリックス、ウィローなど）も、もちろん扱っている。わたしの最近のお気に入りも取り上げているので、皆さんにも新しい世界を楽しんでもらいたい（『ハットメーカーズ』、『チョコレート・ゴースト・ファクトリー』、『ゆうれい作家はおおいそがし』など）。

　よい時もそうではない時もあるけれど、苦しい時にこそ夢の世界が必要だ。さあ、大きく目を開けて、まっすぐな心で、あなたのまわりに溢れる魔法を見つけよう。ハットメーカーズの女料理長もこう言っている。「料理は魔法でもある。だって、おいしいものは病を癒やしてくれるから！」

オーレリア・ボーポミエ

第1章

魔法使いの
一口スイーツ

ポケットサイズのエナジーバー

ダイスの一振りによる致命的な失敗を避けるには、このエナジーバーが間違いなく有効だ。装備品のひとつに必ず加えよう。確かに魔法は非常に便利だ。だが、邪悪なデーモンらによる狡猾な攻撃に対しては、ナッツがたっぷり入ったこのエナジーバーをたっぷり携えておく以上に有益なことはない。

† 材料（約20本分）

牛乳……200ml
バター……125g
グラニュー糖……75g
ココアパウダー（無糖）
……大さじ4
アーモンド（無塩）……60g
サラダ油……大さじ1

† 調理時間・10分　　† 加熱時間・30分　　† 寝かせ時間・1時間

1) 牛乳、バター、グラニュー糖、ココアパウダーを魔法を使って浮遊させ、鍋の中に入れる。

2) 強火にかけ、泡立て器でしっかりかき混ぜながら沸騰させる（メイジ、ドルイド、初心者のウィザード向け：失敗を覚悟の上で慎重にやるべし）。

3) 沸きはじめたらすぐに火を弱め、どろりとするまで30分ほど加熱する。

4) 鍋を火から下ろし、常温で冷ます。アーモンドを粗めに砕く（ファイター、パラディン、初心者のバーサーカー向け）。鍋に加えてよく混ぜる。

5) クッキングシートをバット（または天板）に敷きこみ、刷毛を使ってサラダ油を薄く塗る。シートの代わりにレザーアーマーを代用するのは避けること。

6) 生地をシートの上に流しこみ、ゴブリンの足の親指ほどの高さ（約2cm）になるよう広げる。全体を均等にならし、冷暗所で1時間以上寝かせる。

7) ソード、ダガー、ハンドアックスなどのふだん使い慣れた刃物で、ポケットサイズの棒状にカットする。ケガしないよう気をつけること。

キャラメルアップル

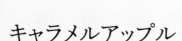

確かにサンダーソン3姉妹は怖いものなしと言われるけれど、悪巧みばかりしているきみの知り合いと同じように、彼女たちにだって弱みはある。そう、おいしいものに目がないのだ！ とくにリンゴ飴が好物で、いつもよい香りを漂わせながら作っている。ただし、ごちそうすると言われてもご用心！ もしかしたら呪いがかけられているかも……。食べるか食べないかはきみ次第だ。

† 調理時間・10分　† 加熱時間・10分　† 寝かせ時間・15分

1) みすぼらしい藁屋の自宅に戻ったら、室内を明るくするために稲妻を呼び起こし、〈魔術の本〉を開け。青リンゴを洗い、軸を取り、聖なる小枝を突き刺せ。芯の奥まで届くようしっかりと刺すのだ。

2) レモンを作業台にのせ、手のひらでぎゅっと押しながらごろごろと転がせ。2つに割り、果汁を搾り出せ。

3) おまえの心のように真っ黒な大鍋に、2)の果汁と果糖を入れて沸騰させよ。

4) 黄金色のカラメルになったら（赤銅色にはしてはならん！）、2色の食用色素を3滴ずつ加えよ。その後は、決してかき混ぜてはならんぞ！

5) 大鍋を空中浮遊させて火から下ろせ。熱いぞ！ 火傷するなよ！ （どうしても怖いならビリー・ブッチャーソンにやらせよ。あいつはそんなことでは怯えない。何しろすでに死んでるからな） 1)の青リンゴを大鍋の中に突っこめ。青、赤、紫の渦巻き模様を描いた液体に、全体がとっぷりと浸かったことを確認せよ。

6) クッキングシートを敷いた皿にのせ、完全に冷めるまで待て。表面のカラメルがおまえの空飛ぶほうき（あるいはほうきの進化系であるロボット掃除機）のようにパリパリに乾燥したら完成だ。

† 材料（4個分）

必要な道具
聖なる小枝（または竹串）……4本

青リンゴ（できたらグラニースミス）……4個
レモン……1個
果糖（フルクトース）……500g
食用色素（赤と青）……少量

死者の日のチュロス

† **材料**（食いしん坊4人分、およそ12本）

必要な道具
フライヤー
調理用ハサミ
星口金と絞り袋

水……200ml
塩……1つまみ
薄力粉……200g
粉糖……適量

死者の日は、写真、思い出の品、食べもの、飲みものなど、祭壇にたくさんのお供えをしなきゃいけないんだ。え、ご先祖さまに一番喜んでもらえるお供えは何かって？　そりゃあ、サクサクしておいしいチュロスに決まってるさ！　死者の国の出入国ゲートでミゲルがすれ違ったガイコツを覚えてるかい？　生者の国の家族からもらったというチュロスを持っていて、すごくおいしそうだったじゃないか！　スクリーンの向こう側にいるみんなだってよだれが……。

† **調理時間・30分**　　† **加熱時間・20分**

1）フライヤーを170℃に熱しておく。水と塩を鍋に入れて中火にかける。

2）湯が沸いたら、鍋を火から下ろす。薄力粉を加え、全体が均一になるまで木ベラでしっかり混ぜる。再び中火にかけて、よく混ぜながら3〜4分加熱して、生地の水気を飛ばす。あまりべたつかず、適度に柔らかい状態であることを確認し、ボール状にまとめる。

3）星口金をつけた絞り袋に2）の生地を詰める。絞り袋がなければ、フリーザーバッグの角をハサミで切って代用する（薄手のものなら2枚重ねにする）。

4）フライヤーの上で絞り袋を絞る。袋をゆっくり押しながら、10〜12cmの細長い生地を絞り出す。調理用ハサミで切り落とし、色づくまで数分揚げる。ひっくり返して同様にし、全体がこんがり黄金色になるまで揚げる。

5）生地がなくなるまで同様にする。生地同士がくっつきやすいので、一度にたくさん揚げすぎないこと。すくい網で取り出し、キッチンペーパーにのせて油を切り、全体に粉糖をまぶす。

6）大好きなご先祖さまたちと一緒に過ごした時間に思いを馳せながら、サクサクのチュロスを熱いうちに食べよう。

パチパチはじける魔法の杖

ティンカー・ベルの妖精の粉で作ったロリポップ。なんと舐めると空が飛べる
ようになるんだ。一生忘れられない冒険に出かけよう！ ただし、ティンカー・
ベルのご機嫌を損ねないよう気をつけて。わりと根に持つタイプなので、怒ら
せると悪い呪文をかけられてしまうかもしれないよ。

† 調理時間・25分　† 加熱時間・25分　† 寝かせ時間・30分

† **材料**(25個分)

必要な道具
聖なる小枝（あるいは木製キャ
ンディスティック）……25本

生地用
薄力粉……130g
コーンスターチ……50g
ベーキングパウダー……5g
卵……3個
グラニュー糖……80g
生クリーム……120ml
ウォンカテラ（P64参照）
……125g

グラサージュ用
ホワイトチョコレート……150g
ポッピングキャンディ……20g
食用色素（緑）……少量

1) 生地を作る。オーブンを180℃に熱しておく。薄力粉、コーンスターチ、ベーキングパウ
　ダーをふるいにかけ、ボウルに入れてよく混ぜる。

2) 別のボウルに卵を割り入れる。殻のカケラが落ちたら取り除いておくこと。グラニュー
　糖を加え、泡立て器でよく混ぜる。生クリームを入れて混ぜ、1)のボウルに加えてさっ
　くりと混ぜる。

3) 2)の生地を、クッキングシートを敷いたバットか天板に流しこみ、オーブンに25分入れ
　る。常温に30分置いて冷ます。

4) 3)を粗めに砕いてボウルに入れ、ウォンカテラを加え、全体が均一でなめらかになるま
　でよく混ぜる。羽を汚さないよう気をつけること。妖精の頭ほどの大きさ（あるいはクル
　ミ大）のボール状にする。冷暗所に置いておく。

5) グラサージュを作る。ホワイトチョコレートを湯煎にかけて溶かす。食用色素を数滴加
　え、鈴の音のような名前の妖精の服と同じ色にする。

6) キャンディスティックを5)のチョコレートに浸してから、4)のボールに刺す。全体をチョ
　コレートに浸す。

7) 余分なチョコレートを落とし、スティックを軽く叩きながらチョコレートを均一に行き
　渡らせ、きれいな球体にする。ポッピングキャンディと妖精の粉を振りかけて、さあ、ロ
　ストボーイたちと一緒に食べよう。

海の小さな動物たち

あたしは海の魔女、アースラ。別にあたしは意地悪でもずるがしこくもないんだよ。ただ単に、交わした契約を守りたいだけなんだ。だから相手が契約を破った時は、人魚姫だろうが海神だろうが、何のためらいもなく醜い海洋生物に変えてしまうのさ。

† 料理時間・15分　　† 加熱時間・5分　　† 寝かせ時間・2〜3時間

1) 泉から清水を汲んできて2つの大鍋に分け入れ、それぞれ火にかけよ。

2) ブラックチョコレートとミルクチョコレートを触手で叩いて粗めに砕き、それぞれ別のボウルに入れ、1)の大鍋で湯煎にかけよ。

3) チョコレートを次の要領でテンパリングせよ。

 ● ブラックチョコレート：湯煎で50〜55℃まで上げてから、ボウルを冷水に浸けて28〜29℃に下げ、ほんの一瞬だけ湯煎にかけて31〜32℃に上げよ。

 ● ミルクチョコレート：湯煎で45〜50℃まで上げてから、ボウルを冷水に浸けて27〜28℃に下げ、ほんの一瞬だけ湯煎にかけて29〜30℃に上げよ。

4) ヘーゼルナッツ、アーモンド、クルミを、魔法で小魚に姿を変えられた海神たちの希望と同じくらい、小さく、小さく、小さく砕け。ミックスドライフルーツを、あたしが冷笑した時にできるえくぼと同じくらいに小さく刻め（およそ3mm）。

5) 4)のナッツとドライフルーツを、3)のチョコレートに加えよ。温度が下がらないよう気をつけながらよく混ぜるのだ。

6) 5)のチョコレートを型に注ぎ分けよ。上からパールチョコを散らし、冷暗所（ただし冷蔵庫は避けるのだ！）で2時間以上冷ませ。完成したら、まずは出来栄えをしげしげと観賞し、あとは気が向いた時に食べるといい。

† 材料（小魚、小ガニ、小エビ30匹分）

必要な道具
海洋動物の形をしたミニチョコレート型
調理用温度計

ブラック板チョコレート……1枚
ミルク板チョコレート……1枚
ヘーゼルナッツ、アーモンド、クルミなど……80g
ミックスドライフルーツ……80g
シリアル入りパールチョコ……50g

メープルタフィー

魔女学校で勉強していると、時には嫌なことにも遭遇する。もしきみも日々の生活にうんざりした時は——魔法が使えたってそういうことはあるんだ——ミルドレッドのようにしてみよう。親友と一緒においしいタフィーをたくさん食べるのさ。

† 材料（約40個分）

必要な道具
調理用温度計
約22×30cmの天板
（またはバット）

粉ゼラチン……15g
冷水……80ml
メープルシロップ……250ml
粉糖……適量

† 調理時間・15分　† 加熱時間・15分　† 寝かせ時間・12時間

カックル校長先生のアドバイス：生地が天板に貼りつかないよう、クッキングシートを敷いて粉糖を振っておきなさい。

1) 粉ゼラチンと冷水を大きめのボウルに入れて溶かす。そのまま置いておく。

2) 魔法薬醸造用の大鍋にメープルシロップを入れる。なければふつうの鍋でもよいが、加熱すると吹き上がるのでなるべく背が高いものを選ぶこと。こぼすとハードブルーム副校長先生に叱られるので気をつけて。中火にかけて115℃になるまで加熱する（調理用温度計を使おう）。加熱が十分かどうかを調べるために、水を入れたコップにシロップを1滴垂らす。10秒待って、ねっとりしたボール状になったら完成。

3) 親友のモード・スペルボディに手伝ってもらい（あるいは、そのへんにいる親切なおとなでもよい）、鍋を火から下ろし、中身を1)のゼラチン入りボウルに注ぐ。よくかき混ぜながらゆっくり注ぐこと。火傷しないよう気をつけて！　およそ2倍の量になり、どろっとしてつややかな状態になるまで、泡立て器でかき混ぜつづける。

4) ゴムベラを使って天板に流しこむ。常温で一晩寝かせる。

5) 粉糖を振った作業台の上に、固まった4)をのせる。クッキングシートをはがし、好みの大きさに四角くカットする。手にくっつかないよう、バットに入れた粉糖の上で転がして全体にまぶす。カエルになったアルジェノン・ローワンウェッブ先生がいた池のほとりに座って、親友たちと一緒に味わおう。トラブルが起きた時も、これを食べればエネルギー充填！

ヴァンパイア用ロリポップ

† **材料**（8〜10個分）

必要な道具
ロリポップ型
ロリポップスティック……8〜10
本
調理用温度計

溶けた雪（または水）
……40ml
ハチミツ……小さじ1
グラニュー糖……150g
イチゴ味の血（またはザクロ味
の血）……60g
レモン果汁……適量

ああ、118歳といえばもっとも美しい年頃だ。まだおとなにはなりきれておらず、かといってもう子どもとも言えない……。そんな年齢になった愛する娘のために、ドラさんことドラキュラ伯爵は、モンスターたちを招待して誕生パーティーを開いた。さて、伯爵はゲストのために何を用意したか？ もちろん、大人気のロリポップだ！ ただしこのレシピでは、新鮮な血の代わりに「人間用」の材料を使用している。……ホテル・トランシルヴァニアは、いつでもお客さまの健康を第一に考えて食品を提供しています。

† 調理時間・10分　† 加熱時間・5分　† 寝かせ時間・30分

1) トランシルヴァニアの雪の中に（あるいは冷凍庫に）小皿を入れておくのだ。
2) 溶けた雪を小鍋に入れて、弱火にかけたまえ。ハチミツ、グラニュー糖を加え、かき混ぜながら溶かすのだぞ（砂糖は反抗的なので催眠術では溶けてくれないのだ。ひどい話だがしかたがない）。
3) 好みの味の血を加えよ。娘のメイヴィスのお気に入りはイチゴだ。ちなみに、ミイラのマリーはミント、フランケンシュタインのフランクは桃が好きである。
4) 3)の鍋を沸騰させよ（145℃が理想的だ）。レモン果汁を加え、5分ほど加熱するのだ。
5) 1)の皿を取り出し、4)のシロップを1滴垂らして10秒数えよ。シロップが固まれば完成だ。鍋を火から下ろせ。もし固まらなければさらに数分加熱せよ。
6) 型に流しこみ、スティックを刺せ。スティックを動かしてシロップをしっかりとからめ取るのだ。30分以上冷ましてから、型からはずせ。

注) このロリポップは我輩のホテルのゲストから大変ご好評をいただいている。狼男のウェインの子どもたちも、これさえ与えれば静かになるのだ……ええと、1000分の1秒だけは。

真実の果実

魔性の森ワイルドウッドに入ったウィローたち一行は、ボーンリーバーという盗賊団に遭遇した。一度は捕らえられた彼らだったが、団長のスコーピアとジェイドが姉妹であるとわかり、一転歓迎ムードに。なごやかな雰囲気の宴の最中、食べると本音をさらけ出してしまうという真実の果実をみんなが口にして……。

† 調理時間・45分　† 加熱時間・35分

1) ジャガイモを熱湯で25分ほど茹でる。皮を剥いてつぶす。卵と薄力粉を加えて混ぜ、こねて生地にする。指にくっつかないようになるまでこねて、必要に応じて薄力粉を少量加える。厚さ2〜3mmに伸ばし、6cm四方の正方形に切り分ける。

2) プラムを洗い、軸を取り、2つに割って種を取り出す。グラニュー糖とシナモンパウダーを小さめのボウルに入れて混ぜ、プラムの種が入っていた穴に詰める。

3) 2)のプラムを1)の生地にのせる。丸いほうを下にすること。生地の対角線上の角と角をプラムの上でくっつける。生地を合わせて隙間を閉じ、手のひらの上でそっと転がしながらボール状に成形する。

4) 大きめの鍋で湯を沸かす。バターをフライパンに入れて火にかけ、パン粉をこんがり色づくまで5〜10分ほど炒める。火から下ろしてバットに広げる。

5) 3)を4)の鍋に入れ、互いにくっつかないよう気をつけながら3〜4分茹でる。一旦表面に上がってきたら中に沈め、さらに2分ほど茹でる。湯を切り、4)のパン粉の上を転がし、粉糖を振る。熱いうちに食べよう。

† 材料(ネルウィン族4人分)

ジャガイモ……1000g
卵……1個
薄力粉……400g
プラム……500g
グラニュー糖……大さじ3
シナモンパウダー……小さじ1
バター……25g
パン粉……100g
粉糖……適量

Bouchées & friandises
ウェンズデー

ピルグリムのファッジ

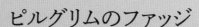

地域交流デーの日、ウェンズデー・アダムスは、ジェリコのピルグリム・ワールドでイベントに参加した（「交流」はウェンズデーにとってあまり得意ではない分野だが）。〈古きファッジ店〉で売り子のボランティアをしたのだ。彼女らしい反社会的で皮肉たっぷりのやり方で、観光客たちにファッジを売りつづけたが……。

† 材料（30個分）

必要な道具
耐熱調理フィルム（ストレッチフィルム）
角形焼き型（約22×22cm）（1粒を大きくしたい場合はこれより小さな型に、小さくしたい場合はより大きな型にする。バットでも可）

バター……90g
牛乳……60ml
バニラビーンズ……1本
グラニュー糖……500g
ココアパウダー……125g
塩……1つまみ

† 調理時間・10分　　† 加熱時間・15分　　† 寝かせ時間・30分

1）耐熱調理フィルムを型に敷きこむ。バターと牛乳を鍋に入れて弱火で溶かす。

2）バニラビーンズのさやを縦に割り、ナイフの背で中の種をすべてこそぎ取る。

3）2）の種、グラニュー糖、ココアパウダー、塩を1）の鍋に加える。中火にして、全体がつややかでなめらかになるまでよく混ぜる。なめらかにならなければ、牛乳を大さじ1加える。さあ、見た目も香りもすっごくおいしそうになったはずだ。すぐにでも味見したいだろうが、くれぐれも気をつけて！　本当にめちゃくちゃ熱いから！　油断してると火傷してしまうよ！

4）1）の型に流しこみ、ゴムベラで全体を均等にならす（木ベラだとくっつくので避ける）。30分寝かせ、型からはずして3cm四方にカットする。

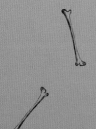

食べたら爆発するふわふわケーキ

ジュマンジのゲーム世界に入りこんだフリッジは、自分のキャラクターシートを見て驚いた。なんと、ケーキにアレルギーがあるという設定だったのだ。いや、正確に言えば、お菓子を食べると爆発してしまうという……。だが、このケーキはそんなリスクを背負ってでもぜひ食べたい一品だ!

† 料理時間・10分　† 加熱時間・16分

1) オーブンを180℃に熱しておく。卵とグラニュー糖をボウルに入れ、全体が白っぽくなるまで泡立て器でよく混ぜる。ふるいにかけた薄力粉とベーキングパウダーを、ゲーム世界の太鼓の音に合わせて加える。

2) 電子レンジを使うか、真昼の太陽の下に置くか、好みのやり方でバターを溶かす。溶かしたバター、ハチミツ、オレンジエッセンスを1)のボウルに加える。自信を持って、そして何よりしっかり見つめながら混ぜ合わせる。

3) 型の3/4くらいまで2)の生地を流しこむ。

4) オーブンの中段に10分ほど入れる。天板をひっくり返して(上下ではなく、前後にだよ!)、下段にさらに6分ほど入れる。外側が黄金色でかすかにカリッと、内側がしっとりと焼き上がったら完成。

5) なるべくしっかり冷ましてから、型からはずす。好みで表面にアイシングを施してもよい(P50参照)。キャラクターシートに書かれたリスクを覚悟しながら味わおう。

注) ジュマンジ世界に閉じ込められたプレーヤーが爆発した場合も、本書著者は一切の責任を負いません。

† 材料(12個分)

必要な道具
マドレーヌ型

卵……2個
グラニュー糖……80g
薄力粉……80g
ベーキングパウダー……5g
バター……80g
ハチミツ……大さじ1
オレンジエッセンス(あるいは好みの柑橘のエッセンス)
……1滴

ポケットサイズのトゥルト

この刑務所から釈放されるには、自らの身の上を話すことで恩赦審議会の連中を納得させる必要がある。優秀な吟遊詩人であるきみは、こう話しはじめるのだ。「かつてわたしは、まじめにコツコツと働いておりました。小さな家で家族と穏やかに暮らし、娘と一緒にしょっちゅうトゥルトを作っていたものでした……」

† 材料（8個分）

洋梨……1個
イチジク……2個（あるいは乾
燥イチジク3個）
ブラウンシュガー……60g
コーンスターチ……40g
有機レモン……1個
クルミ（無塩）……4個
市販のタルト生地……2枚
溶き卵（ドリュール用）……適量

† 調理時間・20分　† 加熱時間・40分

1) 洋梨の皮を剥き、芯と種を取り除く。イチジクの皮を剥く。いずれも1cmほどの角切りにする。ただし心は切り刻まないように。でないときみのアライメントが修復不可能なほど変貌してしまうから。小鍋に入れ、ブラウンシュガーを加え、弱火にかけてコトコトと10分ほど煮る（あるいは、頑固なゴブリンを懲らしめている間でもよい）。火から下ろし、コーンスターチを振り入れ、有機レモンの皮をすり下ろし、よく混ぜてから粗熱を取る。

2) クルミを粗めに砕く。ソードやハンマーなど、きみのクラスに見合った武器を使おう。1)の鍋に加え、心をこめて歌いながらかき混ぜる。

3) オーブンを180℃に熱しておく。2枚のタルト生地を作業台に広げ、それぞれ同じ大きさの8枚ずつに切り分ける（計16枚になる）。トロールの足形、エルフの耳形、パラディンの盾形など、手持ちの抜き型を使って好みの形にするとよい。

4) 2)のフィリングをスプーンですくって3)の生地の上にのせる。8枚を同様にする。残りの8枚でフタをし、端を指で押しながらしっかり貼りつける。

5) 蒸気を逃すために、表面に切り込みを入れる。ショートソードを使うこと。ツーハンドソードは大きすぎるので使用不可。表面にドリュールを塗り、オーブンに30分ほど入れる。こんがり色づいて、おいしそうな匂いが漂ってきたら完成。森を巡回しに行く前にこれで腹ごしらえをしよう。

パイナップルの一口菓子

王国を危機から救ったコーデリア、サム、グースは、祝勝会に招待されてギルドホールにやってきた。大人たちが芝居を楽しんでいる間、退屈した3人はテーブルの下に隠れて、パイナップルケーキに食らいつく。パイナップルに目がないルイ王が、友情の証としてたくさん送ってきてくれたのだ。

† 材料(6個分)

フィリング用
缶詰のパイナップル……500g
(固形量約300g)
バニラエキストラクト……小さじ
1/2

生地用
薄力粉
……180g+少量(打ち粉用)
粉糖……60g
塩……1つまみ
ココナッツオイル……60g
ココナッツミルク……80ml
牛乳(ドリュール用)……適量

† 調理時間・40分　† 加熱時間・1時間

1) フィリングを作る。パイナップルの水を切り、小さくカットする。バニラエキストラクトと一緒に鍋に入れ、フタをして弱火で30分煮る。好みでフードプロセッサーで攪拌してもよい。

2) 生地を作る。ふるいをかけた薄力粉をボウルに入れ、粉糖、塩、ココナッツオイル、ココナッツミルクを加え、均一な生地になるまでよくこねる。

3) オーブンを180℃に熱しておく。2)の生地を6等分にする。作業台に打ち粉をし、6等分にした生地の1つを、麺棒で一辺10〜12cm、厚さ2〜3mmの円形に伸ばす。中心に1)のフィリングを大さじで山盛り1杯のせる。生地の端に少量の水を塗り、折り畳んで半月状にする。フォークで端をそっと押さえて貼りつける(あるいは、生き残り船員のジャックに頼んでやってもらう)。すべての生地を同様にする。

4) 表面にドリュール用の牛乳を塗り、クッキングシートを敷いた天板に並べ、オーブンに30分入れる。表面が濃いめの黄金色になったら完成。熱々で、または冷やして、椅子に腰かけて、あるいはテーブルの下で、好きなように食べよう!

聖なる約束のルゲラー

リリーおばさんは本当に信頼できる人なのかしら？　ローズは考えました。そこで、ブリス家に代々伝わる魔法の料理帳からミニクロワッサンを作って、おばさんと一緒に食べることにしました。実は、これを食べたが最後、一旦誓った約束は決して破ることができなくなるのです。

†調理時間・30分　†冷蔵時間・2時間　†加熱時間・20〜25分

1) 生地を作る。薄力粉をふるいにかけて大きめのボウルに入れる。小さくカットしたバターとクリームチーズを加え、指先でほぐしながら混ぜ合わせ、ほろほろした生地にする。卵黄と塩を加えてよくこね、4等分にする。打ち粉をした作業台に生地を1つずつ広げ、それぞれ幅10cmほどの帯状に伸ばす。ラップで包んで冷蔵庫に2時間入れる。

2) フィリングを作る。バターを電子レンジで溶かす。すべての材料を大きめのボウルに入れてよく混ぜ合わせる。

3) 1)の生地を厚さ3mmほどに整える。作業台にグラニュー糖の半量を振り、その上に生地を並べ、上から残り半量のグラニュー糖を振る。2)のフィリングを生地の上に均一にのせる。

4) 大きさによって、1つの生地を3〜4等分にする。それぞれを対角線状にカットして三角形にする。底辺から先端に向かって、クロワッサンを成形する要領で巻く。

5) 天板にクッキングシートを敷く。4)の巻き終わりを下にして、天板に並べる。オーブンを200℃に設定し、十分に熱されるまで生地を冷蔵庫に入れておく。

6) 黄金色に色づくまで20〜25分オーブンに入れる。出来上がったら、おいしく食べよう。

†材料（24〜32個分）

生地用

薄力粉
……140g+少量（打ち粉用）

バター……110g

クリームチーズ……110g

卵黄……1個分

塩……1つまみ

グラニュー糖……100g

フィリング用

バター……25g

刻みクルミ……90g

ハチミツ……大さじ2

バニラエキストラクト
……小さじ1

シナモンパウダー……小さじ1

ブラウンシュガー……大さじ2

レモンの一口スイーツ

大変！ ローズがモステス社に誘拐されてしまった！ 社長のバター氏は、添加物たっぷりのお菓子を大量に生産することで世界征服を目論んでいた。そのためにブリス家の魔法のレシピを利用しようとしたのだ。ローズは、憎しみと不和を消し去る秘伝のクリームを使って反撃に出る。もちろん結果は大成功だった。

† 調理時間・30分　† 加熱時間・20分

1) レモンを洗って皮を剥く。皮の裏側の白いワタを取り除き、沸騰した湯で5分茹でる。水気を切って千切りにする。

2) 卵を黄身と白身に分ける。卵黄を大きめのボウルに入れ、泡立て器でよくかき混ぜる。鍋に水を入れてコーンスターチを溶き、グラニュー糖を加え、よくかき混ぜながら沸騰させる。沸きはじめたらすぐに火から下ろし、かき混ぜながら少しずつ卵黄に加える。一度に入れると卵黄が熱で固まってしまうので、くれぐれも少量ずつ注ぐこと。必要に応じて濾し器に通し、鍋に入れてとろ火にかける。とろみがつくまで泡立て器でかき混ぜつづける。鍋を火から下ろし、1)のレモンの皮を加えて混ぜ、レモン果汁を加えてさらに混ぜ、最後にバターを加えて混ぜる。ゆっくり混ぜつづけながら冷ます。

3) オーブンを180℃に熱しておく。タルト生地を作業台に広げ、直径8cmの円形を20〜24個切り抜く。それぞれを型に敷きこみ、きれいな黄金色になるまで15〜20分ほどオーブンに入れる。

4) 2)のフィリングを3)の生地に詰める。2)の卵白に塩を加え、最初はゆっくりとかき混ぜ、徐々にスピードを上げながら、ツノが立つまでしっかり泡立てる。泡立て器でかき混ぜながら粉糖を振り入れる。なめらかなメレンゲ状になり、泡立て器を持ち上げた時に、先端が鳥のくちばしのような形になったら完成。3)の上にのせる。

5) グリルに数分入れてメレンゲの表面を色づけてから食べよう。

注) P41の写真を参照のこと。

† 材料（20〜24個分）

必要な道具
シリコン製ミニマフィン型

有機レモン……1個
卵……4個
コーンスターチ……80g
水……375ml
グラニュー糖……330g
レモン果汁……125ml
バター……45g
市販のタルト生地……2枚
粉糖……160g
塩……1つまみ

春祭りのヌガー

メアリー・ポピンズの魔法はいつもとってもチャーミング。指を鳴らし、唇の端に笑みを浮かべれば、ほうら、誰もが笑顔になってしまう。春祭りのお客さんが嬉しそうなのは、おいしいお菓子のせい？ それともメアリーの魔法のおかげ？ いずれにしても、ヌガーに不思議な力が宿るには、楽しい気分で歩きはじめるしかないのよ。

† 材料（500g分）

必要な道具
調理用温度計
角型セルクル（約20×15cm）
可食シート……2枚

ヘーゼルナッツ……150g
ピスタチオ……70g
アーモンド……30g
卵白……20g
グラニュー糖……115g
水……35ml
ハチミツ……50g

† 調理時間・40分　　† 加熱時間・30分　　† 寝かせ時間・4時間

1) オーブンを100℃に熱しておく。ヘーゼルナッツ、ピスタチオ、アーモンドを粗めに砕き、クッキングシートを敷いた天板に広げる。オーブンに10分入れてローストする。

2) 卵白をムース状になるまで泡立て器で混ぜる。かき混ぜながら、グラニュー糖15gを少しずつ加える。残りのグラニュー糖と水を小さめの鍋に入れて火にかけ、146℃まで加熱してシロップにする。

3) ハチミツを別の鍋に入れて火にかけ、126℃にする。2)の卵白を絶えず泡立てながら、2)のシロップを加え、続けて熱したハチミツを加える。1)のローストしたナッツ類を加え、手早くかき混ぜる。

4) 天板に可食シートを敷き、角型セルクルを置いて3)を流しこむ。ゴムベラで均等にならし、もう1枚の可食シートをのせ、軽く押して貼りつける。そのまま4時間寝かせる。

5) セルクルからはみ出したシートを切り落とす。セルクルとヌガーの間にナイフの先端を入れて切り離す。割らないよう気をつけながらセルクルからはずす。よく研いだナイフで小分けする。あるいは、あえてランダムに砕いてもよい。

注）P120の写真を参照のこと。

シナモン入りミニブリオッシュ

グーチョキパン店の常連客は、おソノさんのブリオッシュが大好き！ でもおソノさんはただいま妊娠中。パンは作れても、配達ができなくて困っていた。そんな時に現れたのが、魔女のキキと黒猫のジジ。キキはジジと一緒にほうきに乗って、パンの配達をすることにした。

† 材料（12〜20個分）

生地用
生イースト……25g
牛乳……250ml
強力粉……700g
常温に戻したバター……75g
グラニュー糖……70g
塩……1つまみ

フィリング用
常温に戻したバター……50g
グラニュー糖……50g
水……大さじ1
シナモンパウダー……小さじ1

仕上げ用
卵（ドリュール用）……1個
パールシュガー……適量

† 調理時間・20分　† 寝かせ時間・1時間40分　† 加熱時間・6〜8分

1) 生地を作る。生イーストを軽くほぐしてボウルに入れ、温めた牛乳を加えてよく混ぜ、暖かいところで10分ほど寝かせる。

2) 強力粉、バター、グラニュー糖、塩を別のボウルに入れ、1) を加えてよくこね、なめらかな生地にする。ストライプ柄の布巾をかぶせ、およそ2倍の量になるまで、暖かいところで30分発酵させる。

3) フィリングを作る。すべての材料を合わせてよく混ぜる。2) の生地を2つに分け、麺棒を使って60×20cmの長方形にそれぞれ伸ばす。

4) フィリングを生地の上に均一に広げ、生地を巻いて長さ20cmの太めの棒状にまとめる。それを幅2〜3cmの輪切りにする。

5) 渦巻き状になった4) の生地を天板に並べ、チェック柄の布巾をかぶせ、暖かいところで1時間寝かせる。オーブンを240℃に熱しておく。ドリュール用の卵を溶いて生地の表面に塗り、パールシュガーを散らしてオーブンに6〜8分入れる。

6) 金網にのせて冷ます。月夜にほうきで飛びながら味わおう。

史上最高にこの上なく
うりゅわしきネックレス

魔女はみんなハゲなんだ。だから、カツラさえ被ってなけりゃすぐに見分けられる。でも、ふだんはけっこうオシャレな格好をしてる。カツラの上に帽子を被って、手袋をはめて、いつも奇抜なアクセサリーをつけてるんだ（あ、これも魔女を見分けるポイントのひとつだよ）。

† 調理時間・20分　† 加熱時間・5分　† 寝かせ時間・40分

1）あんたにふさわしいネックレスをつくりゅために、まずは鍋に水をいりぇて火にかけ、粉末寒天を溶かすざんす。常にかきまぜながりゃ2分ふぉど沸騰させ、火から下りょしてグラニュー糖を加え、混ぜて溶かすざんす。常温で10分寝かせりゅざんす。

2）フルーツカクテルの水を切りゅざんす。シロップはもったいないのであとで飲むざんすよ（別に今でもよりしゅうざんすけど）。フルーツはだいたい1cm角ふぉどに切りそりょえて、モールドの穴に入れ分けりゅざんす。1）を穴の縁まで注ぎ、30分ふぉど寝かせねばなりゅまいざんす。その間に身支度を整えりゅざんすよ。

3）2）を型からはずすざんす。フライパンを火にかけて、半球の平らなふぉうを一瞬だけ上にのせて熱し、別の半球とくっつけて球体を作りゅざんす。すべての半球を同様にすりゅざんす。

4）針に糸を通し、3）の球体に通してすべてをつなげて輪にすりゅざんす。さあ、これであんたも次の魔女の集会は注目の的でざんすよ！

† 材料（ネックレス1個［約12玉］分）

必要な道具

小さな半球形シリコンモールド

粉末寒天……10g
水……1000ml
グラニュー糖……230g
缶詰のフルーツカクテル……1缶

ドラゴンの卵

いや、ドラゴン族は決して絶滅していない！ ドラゴンの卵は大変珍しくて希少価値がある。北国のバイキング族だけがどこにあるかを把握していて、我が子のように大事に守りつづけている。とくに漆黒のドラゴンの卵ときたら、きみたちには想像できないほどべらぼうに高い価値があるとされているんだ。

† 材料（20個分）

必要な道具
フードプロセッサー

冷凍ブルーベリー……30g
バター……100g
生クリーム……40g
ホワイトチョコレート……250g
粉糖……75g

† 調理時間・20分　† 加熱時間・5分　† 冷蔵時間・3時間

1) ブルーベリーを冷凍のままフードプロセッサー（ミキサーやハンドブレンダーでも可）で攪拌し、粉末状にする。

2) バターを鍋に入れて弱火で溶かし、生クリーム、砕いたホワイトチョコレート、1) のブルーベリーの粉末を加え、かき混ぜながら溶かしてペースト状にする。火から下ろして常温で冷ます。ラップでフタをして冷蔵庫に3時間入れる。

3) 2) のペーストをスプーンでクルミ大ほどすくい、お団子を作る要領で手のひらで丸めて卵形にする。バットに入れた粉糖の上で転がし、軽く叩いて余分を落とす。

4) 一般的に、ドラゴンの卵は温かいところに保存すべきだとされているが、この卵は涼しいところを好む。とくに冷蔵庫が一番居心地がいいらしい。

アンブリッジ教授の
ストロベリー・グラッセ

まったくうちの生徒たちときたら、たった1回の授業で、こんなに繰り返し注意をしたり、お説教をしたり、罰を与えたりしなきゃならないなんて……。でもありがたいことに、闇の魔術に対する防衛術の授業まで、まだ少し時間があるわ。ドローレス・アンブリッジ先生は、自らの趣味に合わせて飾りつけた自室でのんびりすることにした。もしきみが先生のアフタヌーンティーにお呼ばれしても、決して油断しないように。もしかしたらそのお茶は怪しげな色をしているかもしれない……。

† 調理時間・10分   † 冷凍時間・12時間

※　以下の調理手順を必ず遵守するように！　でないと、アンブリッジ先生から非常に厳しい罰則を与えられてしまうぞ！

1) イチゴを洗い、魔法でヘタを取る。ただし、手元の呪文集（検閲済みの改訂版であるのを確かめること！）に掲載された呪文を使うこと。
2) イチゴとココナッツミルクをフードプロセッサーで攪拌する。ハチミツ、ピーナッツバターを加え、均一でなめらかになるまでさらに混ぜる。
3) 月のない11月の夜、2）をピンク色のモールドに分け入れ、きみの心と同じくらい冷たく凍った場所、あるいは魔法公文書館内に一晩置いておく。
4) 冷凍保存し、必要に迫られた時にひとつずつ型からはずし、ピンク色の皿にのせて供する。

† 材料（約8個分）

必要な道具
ひと口サイズのシリコンモールド
（必ずピンク色であるべし！）
フードプロセッサー（ハンドブレンダーでも可）

イチゴ……150g
ココナッツミルク……70ml
ハチミツ（好みの種類を。ただし必ず魔法省公認のものであるべし！）……小さじ3
ピーナッツバター……50g

ドライ・コンフィチュール

医師で占星術師のミシェル・ド・ノートルダム、通称ノストラダムスは、ドライ・コンフィチュール、つまり現在で言うところのパート・ド・フリュイが大好物だった。かの『予言集』をしたためる傍らで、なんとコンフィチュールに関する概論を執筆していたのだ。ここでは、大予言者ノストラダムスが 16 世紀末に実際に味わっていたとされるお菓子のレシピを紹介しよう。

† 調理時間・15分　　† 加熱時間・25分　　† 寝かせ時間・24時間

1）前日　2種類のコンポートを1つの鍋に入れて中火にかける。作業台にのせたレモンを、手のひらで強く押しながら転がす。2つに割って果汁を絞り、茶こしに通して鍋に加える。

2）ペクチンとグラニュー糖をボウルに入れて混ぜ、1）の鍋に加える。

3）時々かき混ぜながら軽く沸騰させ、鍋肌にくっつくようになるまで煮詰める（10〜15分ほど）。

4）バットにクッキングシートを敷きこみ、3）の中身を流しこむ。ゴムベラで均一にならしてから、清潔な布巾をかぶせる。常温で24時間寝かせる。

5）当日　固まった4）を好きな形にカットする。ナイフで切っても、抜き型（雪の結晶、ゾウ、花など）で抜いてもよい。平皿に広げたクリスタルシュガーの上で転がす（ポッピングキャンディを使ってもよい）。保存する時は湿気のない冷暗所に置くこと。

錬金術師のアドバイス：このお菓子を成功させる秘訣は、笑顔で楽しみながら制作することにある。鍋を火にかけながら、口笛を吹いたり鼻歌を唄ったりするとよいだろう。パート・ド・フリュイは作り手の気分を吸い込み、それを倍にして返してくれるのだ。

† 材料（約25個分）

リンゴのコンポート（無糖）……125g

マルメロのコンポート（無糖）……125g

レモン……1個

ペクチン……10g

グラニュー糖……250g

クリスタルシュガー……大さじ3

ほうき酔い止めのレモンドロップ

ほうきに乗って飛ぶのは決して楽じゃない。きみもミルドレッドのようにほうきに酔ってしまったら（ほかの乗り物でもよいが）、この甘酸っぱいドロップをなめてみよう。きっと気分が回復し、心浮き立ちながら目的地にたどり着けるはずだ（まあ、ダメなら歩いて行ってもいいしね）。

† 材料（20個分）

必要な道具
キャンディ型（あれば）

グラニュー糖……200g
水……80ml
ハチミツ……大さじ4（※）
乾燥タイム……大さじ1（※）
レモン果汁……1個分
粉糖……少量

※もしあればタイムのハチミツを使う。その場合、乾燥タイムは不要。

† 調理時間・20分　　† 加熱時間・40分

1) 小皿を冷凍庫に入れておく。粉糖を除くすべての材料を小鍋に入れ、かき混ぜながら弱火で加熱する。すべての材料が溶けたら、一旦沸騰させる。沸きはじめたらすぐに火を弱め、コトコトと35分ほど煮詰める。

2) 加熱が十分かどうかを確かめる。1)の小皿に1)のシロップを数滴垂らし、10秒待つ。シロップが固まれば完成。そうでなければあと数分加熱する。

3) キャンディ型に2)を流しこむ。あるいは、スプーンでクッキングシートの上に垂らしてもよい。くっつかないよう間隔を空けること。常温で冷まして固める。

4) 大きなボウルに3)を入れて、粉糖を振って全体によくまぶす。これで指やポケットやほうきにベタベタとくっつかずに済むはずだ。ほうきに乗って飛ぶ前になめよう。あるいは、乗り物酔いをした子がいたらすぐに分けてあげよう。

トロールたちのゼリー

きみが好きな音楽は、ポップス、ロック、それともクラシック？ 好きな曲のリズムに合わせてからだを動かそう。さあ、音楽の準備はできたかな？ トロールの髪の色のようにカラフルなゼリーから好きな色を選んで、声を張り上げて歌い、ノリノリで踊ってみよう。いくぞー、ミュージックスタート！

† 調理時間・15分　† 加熱時間・各色2分ずつ
† 冷蔵時間・2〜3時間

1) 好きな色のジュース250mlを鍋に入れて火にかけ、ハチミツを加えてよく混ぜる。粉末寒天を振りながら加え、よく混ぜながら2分ほど沸騰させる。

2) 鍋を火から下ろし、シリコンモールドに注ぎ入れ、粗熱が取れたら2〜3時間冷蔵庫に入れる。

3) 2)を型からはずし、1個味見してみる。よくわからなければ2個……あるいは3個……おいしい！と確信するまで食べつづけよう。残りは密閉容器に入れて冷蔵庫へ。

† 材料（各色20個分ずつ）

必要な道具
好きな形の小型シリコンモールド
（花、星、ハートなど）

各色用
粉末寒天……1g
ハチミツ……大さじ1

赤用
ラズベリージュース
……125ml
イチゴジュース……125ml

オレンジ用
桃ジュース……125ml
アンズジュース……125ml

黄用
パイナップルジュース
……250ml

緑用
キウイジュース……250ml

紫用
ブルーベリージュース
……250ml

第2章

魔法使いの
焼き菓子

ヤカリのバノック

プチ・トネールを探して草原を歩いていたヤカリは、地面に開いた小さな穴からよい香りが漂っているのに気づいた。ヤカリの大好物、先住民が昔から食べているお菓子の匂いだった。

† 調理時間・15分　† 加熱時間・20分

1) 生地を作る。プチ・トネールのひづめと同じ大きさのボウルに、薄力粉、ベーキングパウダー、グラニュー糖、塩を入れる。清水を少しずつ加えながら混ぜ、柔らかくてやや粘り気のある生地にする。

2) 生地を12等分してそれぞれ丸め、手のひらで押さえて平らにする（大鷲の魔力に頼ってもよい）。

3) 焚き火のすぐそばに置いた熱い石の上に2)を置く（サラダ油を引いて熱したフライパンを使ってもよい）。表面がきれいな黄金色になり、端がカリッとするまで焼く。

4) フルーツソースを作る。フルーツを清水で洗い、やや大きめにカットする。鍋に入れ、ハチミツとレモン果汁を加え、15分ほど中火で加熱する。

5) 熱々の4)を3)の生地の上にかける。風の音に耳を傾けながら味わおう。

† 材料（12個分）

生地用

薄力粉……750g

ベーキングパウダー……15g

グラニュー糖……125g

塩……1つまみ

泉の清水……375ml

サラダ油……少量

フルーツソース用

収穫したての旬のフルーツ（リンゴ、洋梨、ブルーベリーなど）……500g

ハチミツ……125g

レモン果汁……1/2個分

マルチバース・ケーキ

† **材料**（スーパーヒーロー／ヒロイン8人分）

必要な道具
半球形シリコンモールド（直径8cm）
調理用温度計

市販のブラウニー（約24×8cm分）……2個

ムース用
ブラックチョコレート……250g
板ゼラチン……4枚
ホイップ済み生クリーム（加糖）……250g

グラサージュ用
板ゼラチン……10枚
水……150ml
コンデンスミルク……200g
ホワイトチョコレート（タブレット型）……300g
食用色素（青、紫、ピンク、白）……適量
食用光沢粉末（銀）……適量

謎と狂気に満ちたマルチバース（多元宇宙）を行き来するなら、リアルな世界にしっかり根を下ろしたものを常に携帯しよう。たとえば、時空の秩序を取り戻すためにストレンジが訪れた、ギャップ・ジャンクション（宇宙同士の接合点）が描かれたお菓子などがよいだろう。

† **調理時間・**15分　† **加熱時間・**30〜40分

† **冷凍時間・**2時間30分　† **寝かせ時間・**15分

1) ムースを作る。ブラックチョコレートを砕いて湯煎で溶かす。同じユニバース内で、板ゼラチンをぬるま湯に浸して柔らかくする。水気を切り、チョコレートに加えてよく混ぜる。大きめのボウルに入れ、粗熱を取ってからホイップ済み生クリームを加え、クリームをつぶさないようさっくりと合わせる。モールドに注ぎ、2時間30分以上冷凍庫に入れる（あるいは、真空状態の宇宙空間に一瞬だけ入れてもよい）。

2) ブラウニーをモールドの大きさに合わせて8つの円形にカットする。1)のムースをモールドからはずし、カットしたブラウニーの上にのせる（丸いほうを上にする）。次の作業を終えるまで冷凍庫に入れておく。

3) グラサージュを作る。板ゼラチンをぬるま湯に浸して柔らかくする。水とコンデンスミルクを鍋に入れて沸騰させ、火から下ろして水気を切ったゼラチンを加え、溶けるまでよく混ぜる。ホワイトチョコレートを加え、全体が均一でなめらかになるまで泡立て器でよく混ぜる。2つのボウルに分け入れ、マーブル模様になるよう食用色素を渦巻き状に細く垂らす。1つのボウルには青多め＋紫＋白、もう1つのボウルには紫多め＋ピンク＋白を加える。決して混ぜないこと！

4) 3)のグラサージュが35℃になるまで冷ます。

5) 深皿の上に金網を置き、2)のムースを1つのせる。3)の2種類のグラサージュのいずれかを上から注ぎ、全体をコーティングする。食用光沢粉末を振って、15分ほど寝かせる。ほかの7つも同様にして完成。

ウォンカテラ

チャーリー・バケットをはじめとする子どもたちは、ウィリー・ウォンカの工場に招かれた。なんてすてきなところだろう！ とくに貯蔵室54番には驚きだ。あらゆるクリームが揃っている。ないものなど何ひとつない。だって、ヘアクリームだってあるんだよ！ そしてもちろんみんなの大好物、チョコレート風味のヘーゼルナッツペーストもね。

† 調理時間・10分　† 加熱時間・25分　† 寝かせ時間・20分

1）オーブンを150℃に熱しておく。天板かバットにクッキングシートを敷きこみ、リスに頼んでヘーゼルナッツとアーモンドを並べてもらう。こんがり焼き色がつくまでオーブンに20〜25分ほど入れる。

2）グラニュー糖と水を鍋に入れて火にかけ、沸騰させる。火を弱め、そのまま2〜3分ほど加熱する。1）のヘーゼルナッツとアーモンドを加え、全体が茶色っぽくなるまで木ベラでかき混ぜる。ナッツのまわりの砂糖が白い塊になっても気にしないこと。そのまま加熱すると溶けてカラメルになる。粉糖、全粉乳、ココアパウダー、サラダ油を加えてよく混ぜる。

3）オーブンミトンをつけて、2）の鍋の中身をクッキングシートを敷いた天板に流しこむ。均等に広げ、そのまま20分置いて冷ます。

4）適度な大きさに割り、フードプロセッサーで攪拌してなめらかにする。長くかけるほどさらさらになるので、好みで濃度を調整しよう。密封容器に入れて冷蔵庫で保存する。トーストや焼き菓子にたっぷり塗って召し上がれ！

† 材料（1瓶分／250g）

必要な道具
フードプロセッサー

ヘーゼルナッツ……100g
アーモンド……100g
グラニュー糖……130g
水……小さじ1
粉糖……100g
全粉乳……20g
ココアパウダー……30g
サラダ油……10g

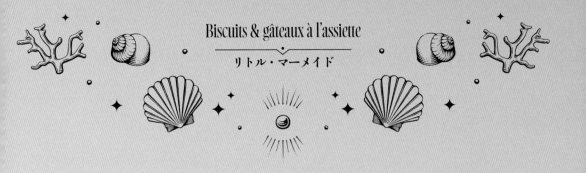

シェルクッキー

海底の王国で、貝殻は楽器や装飾品として使われる。トリトン王に捧げられた音楽コンサートでも、貝殻を使った演奏が行なわれた。ところが、海の王女アースラは「そんなことに使うくらいなら、自分でバリバリ食っちまうほうがずっといいじゃないか！」と豪語している。

† 材料（約10個分）

生地用

バニラシュガー……小さじ2

ベーキングパウダー
……小さじ2

薄力粉……250g

バター……150g

グラニュー糖……100g

卵……1個

溶き卵（ドリュール用）
……卵黄1個分

ガナッシュ用

ホワイトチョコレート……200g

缶詰の桃……200g

バニラシュガー……7.5g

パールシュガー……適量

† 調理時間・45分　† 冷凍時間・1時間　† 加熱時間・10〜12分

1）ガナッシュを作る。太陽が海面から空へ昇り、カモメが宙を飛びはじめる頃、ホワイトチョコレートを湯煎または電子レンジで溶かす。缶詰の桃の水を切り、ホワイトチョコレートと一緒にフードプロセッサーで攪拌する。ボウルに移し、バニラシュガーを加えてよく混ぜ、均一でなめらかな状態にする。1時間冷凍庫に入れる。

2）生地を作る。潮が満ちる頃、バニラシュガー、ベーキングパウダー、薄力粉を、大きなホラ貝の中に入れてよく混ぜる。小さくカットしたバター、グラニュー糖、卵を加えて混ぜ合わせ、よくこねてなめらかな生地にする。オーブンを180℃に熱しておく。生地を作業台にのせ、麺棒で厚さ2〜3mmに伸ばし、本物の貝殻、厚紙で自作した抜き型、あるいは市販の抜き型を使ってシェル形に抜く。クッキングシートを敷いた天板の上に、十分に間隔を空けて並べる。

3）表面に溶き卵を塗り、オーブンに10〜12分入れる。行きつけの海岸の砂浜と同じような黄金色になったら焼き上がり。

4）1枚のクッキーの上に、1）のガナッシュをクルミ大ほどのせて、もう1枚のクッキーで挟む。マーメイドの笑顔のようにキラキラと輝くパールシュガーを、2枚のシェルの間にそっと挟む。ほら、本物そっくりで、誰もが「声を失うほど」驚くだろう！

ガリアの小さな村名物、
リンゴのオムレット

アブララクルシックス首長とアステリックスは、パノラミックスの小屋を訪れました。村の最年長者のアジュカノニックスが、その時のようすを村人たちに伝えます。「われらがドルイド僧が転んで大ケガを負った。首長たちが花束を携えてお見舞いに行ったところ、花より団子のご当人は怒り心頭だ。『見舞いと言えばリンゴだろう!』 ああいうわがままな人とは、卵の殻の上を歩くようにして慎重につき合わないとな」。すると、慌て者の鍛冶屋のセトートマティックスと魚屋のオルドラルファベティックスは言いました。「へえ、リンゴと卵? みんなでお菓子作りの話をしていたんだな」

† **材料**（村人4人分）

好みの品種のリンゴ……2個
バター……10g
グラニュー糖……10g
卵……3個
ホワイトビネガー……小さじ1
塩……1つまみ

† **調理時間・10分**　† **加熱時間・約20分**

1) リンゴを4等分にして皮をむき、芯と種を取って薄切りにする。フライパンにバター5gを入れて強火にかけ、リンゴを15分ほど炒める。色づいてしんなりしてきたら、グラニュー糖を振って煮詰めてカラメリゼする。真っ黒に焦がさないよう気をつけること。

2) 卵を白身と黄身に分ける。卵白にホワイトビネガーと塩を加え、ツノが立つまでしっかり泡立てる。泡立てた卵白を、かき混ぜながら卵黄に少しずつ加える。なるべく空気を含ませ、しぼまないよう気をつけること。

3) フライパンに残りのバター5gを入れて強火にかけ、2)を入れる。裏面がこんがりするまで3〜5分ほど焼いたら、火から下ろしてグリルに入れ、表面もこんがり焼く。

4) 3)の右半分に1)のリンゴをのせ、左半分を折り畳む。皿の上に滑らせ、すぐに食べよう（オベリックスに見つからないうちに）。

脱出カップケーキ（卵もバターもグルテンも消えた！）

奇術王のフーディーニは、超能力や心霊術のまやかしを暴露するサイキックハンターでもあった。最高のイリュージョニストでありながら、たとえ魔術のように見えても、すべての不思議なことに科学的で論理的な種明かしがあると述べている。では、カップケーキからあらゆるものを脱出させることはできるだろうか？ 魔術ではなく、論理的な奇術で実行しよう！

†調理時間・15分　†加熱時間・35分

1) 生地を作る。オーブンを180℃に熱しておく。ふるいにかけたコーンスターチとベーキングパウダー、グラニュー糖を大きめのボウルに入れる。レモン果汁、レモンの皮（あれば）、サラダ油を加えて混ぜる。少しずつ水を加えながら、全体が均一になるようよく混ぜる。

2) 型に分け入れ、オーブンに35分入れる。竹串を中心に刺して、何もくっつかなければ完成。金網にのせて冷ます。

3) アイシングを作る。粉糖をボウルに入れ、レモン果汁を加え、泡立て器でしっかりかき混ぜながら溶かす。すぐに2)の上にかける。千切りにしたレモンの皮を散らし、アイシングが乾くまでしばらく待とう。アブラカダブラ……え、何だって？ もう残ってないだって？

†**材料**（12〜15個分）

必要な道具

シリコン製カップケーキ型

生地用

グラニュー糖……250g

コーンスターチ……375g

ベーキングパウダー……5g

レモン果汁……大さじ2

サラダ油……大さじ1

水……250ml

削ったレモンの皮

……少量（あれば）

アイシング用

粉糖……50g

レモン果汁……大さじ1

千切りにしたレモンの皮

……少量

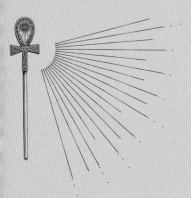

Biscuits & gâteaux à l'assiette

セオドシア

ナイル川のほとり名物クッキー

エジプト考古学者の両親との生活は、ふつうとはちょっと違っている。ナイル川のほとりで家族揃って発掘をしていたところ、大昔のレシピを発見した。エジプトで紀元前から食べられていたお菓子だという。これは試しに作ってみないと！　こうしてセオは、弟のヘンリーと一緒においしいカハクを食べながら、見いだしたばかりの魔力を使いこなす訓練に取り組んだのだ。

† 材料（35個分）

薄力粉……575g
ベーキングパウダー……5g
グラニュー糖……70g
白ゴマ……大さじ2
バター……150g
デーツペースト……200g
粉糖（仕上げ用）……少量

† 調理時間・15分　† 加熱時間・15〜20分

1) オーブンを180℃に熱しておく。ふるいにかけた薄力粉とベーキングパウダーをボウルに入れ、グラニュー糖、白ゴマを加えて混ぜる。バターを電子レンジに数秒かけて溶かし、ボウルに加える。なめらかな生地になるようこねる。パサパサしてぼろぼろと崩れるようなら、少量の水を加える。

2) 1)の生地をピンポン玉大のボール状に丸め、クッキングシートを敷いた天板に並べる。焼くと膨らむので間隔を十分に空けること。それぞれのボールにナイフで切り込みを入れ、デーツペーストを小さじ1杯ずつ詰め、再びボール状に丸める。古代エジプト人は、どのクッキーを誰にあげるかあらかじめ決めていたという。きみもそうしたいのなら、ナイフやフォークでそれぞれに印をつけておこう。

3) オーブンに15〜20分ほど入れて、夜明けの砂漠のように黄金色になるまで焼く。冷ましてから粉糖を振る。デル・エル・バハリ（※）へ行く時に、ショルダーバッグの中に忍ばせておこう。

※ハトシェプスト女王葬祭殿がある、ルクソール近郊の丘。かつてここで、王族のミイラが多数納められた秘密の墓が発見された。

マルムマルス

闇の洗礼式を控えたサブリナのように、きみも予知能力が欲しいと思った時は〈マルムマルス〉（悪魔の実）を作ってみるとよい。手始めに、果樹園で一番古いリンゴの木を探すのだ。長く生きている樹木ほど経験が豊富で、多くの知識を与えてくれる。きみの腕前と運次第では、もしかしたら未来の映像を垣間見ることもできるかもしれない。

† 調理時間・15分　† 加熱時間・1時間

1) クランブルを作る。ふるいにかけた薄力粉を大きめのボウルに入れる。小さくカットしたバターを加え、指先でほぐしながら混ぜ合わせる。グラニュー糖を加えてこね、きめ細かいほろほろした生地にする。

2) オーブンを200℃に熱しておく。1)の生地を、1人当たり大さじ3杯分ずつ使用し、残りは冷凍庫に入れておく（次回の魔女集会の時のために取っておく）。クッキングシートを敷いた天板に生地を広げ、オーブンに30分入れる。きれいな黄金色になったら焼き上がり。常温に置いて冷ます。

3) リンゴを洗い、芯と種を取り除く。皮は剥かないこと。大さじ1杯の水を入れたバットに並べ、オーブンに30分入れる。皿の上に2)のクランブルを広げ、その中心に焼きあがったリンゴをのせる。リンゴの上にバニラアイスをのせて完成。

† 材料（魔法使い4人分）

クランブル用
薄力粉……500g
バター……250g
グラニュー糖……250g

聖なる果樹園で収穫されたリンゴ……4個
バニラアイス……4スクープ

Biscuits & gâteaux à l'assiette

サブリナ：ダーク・アドベンチャー

全集を読み尽くすためのクッキー

サブリナのいとこのアンブローズのように、きみも実存主義全集を読み尽くすと決意したり、やっかいな宿題を片づけざるをえなくなったりしたら、このクッキーを作ってみるとよい。全神経集中後のティーブレイクのお供に最適だ。

† **材料**(40個分)

常温に戻したバター……125g

グラニュー糖……50g

塩……小さじ1/2

バニラビーンズ……1本

薄力粉……200g

ベーキングパウダー

……小さじ1/2

製菓用チョコレート(ミルクでも
ブラックでも好きな方)

……250g

† **調理時間・30分**　† **冷蔵時間・1時間**　† **加熱時間・12分**

1) バター、グラニュー糖、塩をボウルに入れ、泡立て器でよく混ぜる。

2) バニラビーンズのさやを縦に割り、ナイフの背で中の種をこそぎ取る。

3) こそいだ種を1)のボウルに加える(使用済みのさやは捨てずに再利用しよう。砂糖壺に入れるとバニラのよい香りが砂糖に移る)。

4) 薄力粉とベーキングパウダーをふるいにかけ、3)のボウルに加えて混ぜて生地にする。ボール状にまとめ、フタをして冷蔵庫に1時間入れる。

5) オーブンを180℃に熱しておく。4)の生地を小さくちぎり取り、長さ6〜7cm、太さ1cmの棒状に伸ばす。すべての生地を同様にする。クッキングシートを敷いた天板に並べ、12分ほどオーブンに入れる。淡く色づいたら完成(黄金色にはしない)。常温に置いて冷ます。

6) チョコレートを湯煎または電子レンジで溶かす。溶かしたチョコに5)のクッキーを浸し、金網にのせて冷ます。人生の意味について考えながら味わおう。

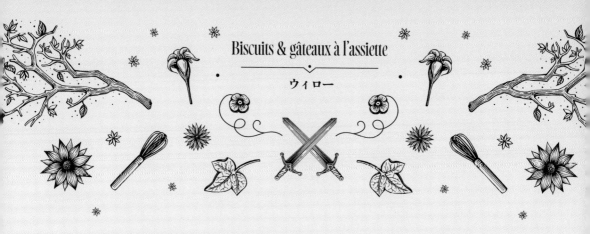

エローラのマフィン

救世主エローラ・ダナンは、ふつうの少女として生きるためにダヴという偽名をつけられていた。誘拐された王子エリクを助けたい一心で、ウィロー率いる旅の仲間に加わったダヴことエローラ。まだ今のところ魔法は使えないが、キッチンメイドとして料理の腕前には自信があるので、道中みんなにおいしいマフィンをふるまうことはできるだろう。

†調理時間・15分　†加熱時間・20〜25分

1) オーブンを200℃に熱しておく。薄力粉とベーキングパウダーをふるいにかけて大きめのボウルに入れる。シナモンパウダー、塩、グラニュー糖を加えて混ぜる。

2) 中心に穴をあけ、溶かしバターを流しこむ。続けて、牛乳、溶き卵を入れる。粉ものがうっすらと湿る程度にそっと混ぜ合わせる。

魔法使いのアドバイス：焼き上がりが重くなってしまうので、あまりこねないこと。焼成中にバターの粒子が溶けることでふわっと軽い仕上がりになる。

3) マフィン型のそれぞれの穴にブルーベリーを10〜12粒ずつ入れる。上から2)の生地を流しこむ。きれいな黄金色になるまで、オーブンに20〜25分入れる。竹串を中心に刺して何もくっつかなければ完成。

†材料（12個分）

必要な道具
シリコン製マフィン型

薄力粉……230g
ベーキングパウダー……5g
シナモンパウダー
……小さじ1/2
塩……1つまみ
グラニュー糖……60g
溶かしバター……75g
牛乳……180ml
溶き卵……1個分
ブルーベリー（季節に応じて他の赤い果実でも可）……150g

早朝のビスケット

コーデリアとグースは、このビスケットをきっかけに、時計職人一族である
ウォッチメーカー家の人たちと親しくなった。何か手伝うことはないかと訪れ
たふたりを、ウォッチメーカー家のおじいちゃん、グラスホッパー、ティッコリー
の３人が、このおいしいお菓子で歓待してくれたのだ。

† 材料（約30個分）

おろしたパルミジャーノ・レッ
ジャーノ……60g
常温に戻したバター……70g
卵……2個
レーズン……50g
塩……1つまみ
オリーブオイル……大さじ3
タイム……小さじ1/2（または乾
燥タイム……小さじ1）
薄力粉……180g

† 調理時間・10分　　† 加熱時間・15分

1) パルミジャーノ、バター、卵、レーズン、塩、オリーブオイル、タイムの半量をボウルに入
れ、とろりとしたクリーム状になるまでかき混ぜる。薄力粉を加え、均一になるまでよ
く混ぜる。

2) オーブンを190℃に熱しておく。1) の生地を、麺棒を使って厚さ2〜3mmに広げる。
愛用の抜き型で好きな形に抜く。あるいはグラスで円形に抜いてもよい。

3) クッキングシートを敷いた天板に、十分に間隔を空けて並べる。残りのタイムを散ら
し、オーブンに15分ほど入れる。冷ましたら、どうぞお好きな時に召し上がれ！

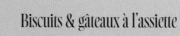

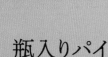

瓶入りパイ

ウィルが失踪する前のホーキンスは、平和で穏やかな町だった。みんなでベニーズ・バーガーに集まって、1980年代に人気だったおいしいパイを賑やかに味わっていた。ところが、いまや状況は一変。ホーキンスの人たちが現在必要としているのは、裏側の世界でも小腹が満たせるよう、持ち歩きに便利な瓶入りパイなのだ。

† 調理時間・25分　† 加熱時間・1時間　† 寝かせ時間・10分

1) オーブンを180℃に熱しておく。ピーカンナッツを粗めに砕き、クッキングシートを敷いた天板に広げる。オーブンに8分入れてローストする。

2) 小さめの鍋にコーンシロップとグラニュー糖を入れて火にかけ、2分ほど沸騰させる。常温で10分冷ます。卵をボウルに入れて泡立て器でよく混ぜ、ムース状にする。熱で卵が固まらないよう、糸状に細く垂らしながらシロップを少しずつ加える。溶かしバターと塩を加えて混ぜる。

3) バニラビーンズのさやを縦に割り、ナイフの背で中の種をこそぎ取る。2)のボウルに加え、均一になるまでよく混ぜる。

4) タルト生地を、保存瓶と同じ直径の円形に8つ、瓶の高さより少し大きめの帯状に8つ、それぞれカットする。瓶の底に円形の生地を敷きこみ、瓶の側面に帯状の生地を敷きつめる。焼くと縮むので、瓶の縁より1cmほど高くしておくこと。1)のピーカンナッツを山盛り大さじ1杯入れ、その上に3)をたっぷりと注ぎ入れる。

5) オーブンに40分入れる。25分後に焼き加減を確かめる。もしすでに表面が色づいていたら、瓶の上にアルミホイルをかぶせる。オーブンから出したばかりの保存瓶は非常に熱いので気をつけること。冷ましてから持ち歩こう。出かける前に、フタをしっかり締めておくのを忘れないように！

† 材料（8人分）

必要な道具

保存瓶（ル・パルフェ・ダブルキャップジャー200ml、または類似品）……8個

ピーカンナッツ……500g
コーンシロップ……125ml
グラニュー糖……250g
卵……4個＋1個（ドリュール用）
溶かしバター……60g
塩……1つまみ
バニラビーンズ……1本
市販のタルト生地……2枚

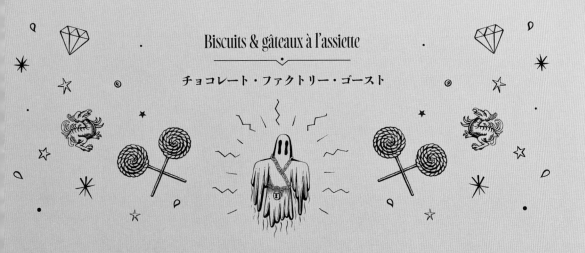

マクバッジ・クッキー

アーチボルド大叔父が残した謎を解き明かし、マクバッジ・ファッジのレシピをようやく取り戻したアーチーと仲間たち。一族が守ってきた製菓会社とダンドゥードゥルのドラゴネット（小さなドラゴン）たちを救ったあとは、このクッキーを食べながらひと休みしよう。

† 材料（15個分）

必要な道具
ドラコニウム鉱石製のすり鉢と
すりこぎ

薄力粉……50g
コーンスターチ……50g
ベーキングパウダー……5g
ブラウンシュガー……50g
バター……100g
卵（ドラゴンではなく鶏の）
……1個
ハニーストーン（蜜蝋石）……
レードル1杯（あるいはヴェルタース・オリジナルなどのキャラメル・キャンディ6個）

† 調理時間・15分　† 加熱時間・15分

1) 数百年もマクバッジ家に勤めているという半ノームの執事、タブレット氏が埃まみれになっている間に、オーブンを240℃に熱しておく。

2) 薄力粉、コーンスターチ、ベーキングパウダーをふるいにかけてボウルに入れ、ブラウンシュガーを加えてよく混ぜる。愛犬シャーベットに頼んで、バターを電子レンジに30秒入れてもらう。溶けたらボウルに加えて混ぜ、卵を加えてさらに混ぜる。

3) ハニーストーンをすり鉢とすりこぎで砕く（フードプロセッサーで攪拌してもよい）。細かい粉末にはせず、宝石の粒のような小さなカケラが残る程度にすること。2) のボウルに散らし入れる。

4) 3) の生地をドラゴネットの頭ほどの大きさ（あるいは大きめのクルミ大）に丸め、クッキングシートを敷いた天板に並べる。焼いたら膨らむので十分に間隔を空けること。オーブンに15分入れる。ドラゴネットのブロッサムの翼であおぎながら、きみのお腹がぐーっと鳴るまで冷ます。お気に入りのアームチェアに座って、暖炉やラジエーターのそばであったまりながら味わおう。

アグラバーのバクラヴァ

もしきみが、あの邪悪な魔法使いジャファーのような食いしん坊なら、砂漠の
王国アグラバー名物のこの甘いお菓子を味わってごらん。でも願いごとを宣
言する時は気をつけて！　ジーニーは3つしか願いを受けつけてくれないから
ね。お菓子を口いっぱいにほおばってもごもごと口ごもったりしたら、きっと取
り返しがつかないことになるよ。

† 材料（約20個分）

パートフィロ……7枚
溶かしバター……100g
アーモンドプードル……200g
ピスタチオパウダー……300g
シナモンパウダー……15g
オレンジフラワーウォーター
……60ml
ハチミツ……100g

† 調理時間・20分　† 加熱時間・45分

1) パートフィロ1枚を天板に広げ、溶かしバターを塗る。その上にパートフィロをもう1枚
のせて、同様に溶かしバターを塗る。

2) アーモンドプードル、ピスタチオパウダー、シナモンパウダーを大きめのボウルで混ぜ
る。オレンジフラワーウォーターとハチミツを加えて、さらに混ぜ合わせる。

3) オーブンを180℃に熱しておく。2)を1)の上にのせて薄く伸ばす。その上で1)をもう一
度繰り返し、再び2)をのせて薄く伸ばす。最後に溶かしバターを塗ったパートフィロを
3枚のせる。

4) 上にのせた3枚のパートフィロに、よく研いだナイフ（あるいは先が尖ったサーベル）で
菱形に切り込みを入れる。オーブンに45分ほど入れる。

5) 冷ましてから、切り込みに沿って切り分ける。残虐な策略を練りながら味わおう。

パイナップルの串焼き

モアナの父親で村長のトゥイは、モトゥヌイ島を讃える歌をいつも唄っている。「この島には、木々、ココナッツ、フルーツなど、大地が与えてくれるものはなんでもある。生きるのに必要なものはすべて揃っている」そう、この島の自然には不思議な魔力が宿っている。小さな楽園の魅惑の味をぜひ堪能してほしい。

† 材料（探検家6人分）

必要な道具
バーベキュー串（木製または金属製）

パイナップル（缶詰でも可）……1個

ソース用
ココナッツミルク……400ml
サトウキビシロップ……200ml

† 調理時間・10分　† 加熱時間・7〜10分

1) オーブンを200℃に熱しておく。オーブン用金網に油を塗っておく。バーベキュー串が木製の場合、加熱中に燃えないよう水に浸しておく。

2) ソースを作る。ココナッツミルクとサトウキビシロップを鍋に入れて火にかける。とろりとするまで煮詰める。火から下ろして冷ます。

3) パイナップルの皮を剥き、長さ10〜15cm、幅2〜3cmほどの棒状にカットする。缶詰を使う場合は、串に刺せるくらいの大きさにカットする。

4) 3)を串に刺し、1)の金網にのせて、オーブンのグリルモードで7〜10分焼く。時々ひっくり返してすべての面をまんべんなく焼くこと。皿に並べて、2)のソースをたっぷりかけて召し上がれ。

寒い日のためのホット・アイスクリーム

ウィリー・ウォンカによる天才的発明品のひとつ。もしきみも金のチケットが当たったら、工場でウンパ・ルンパがこのお菓子を作っているところを見られるかもしれない。

† **調理時間・30分**　　† **冷凍時間・12時間**　　† **加熱時間・15分**

1) 前日　シリコンモールドにラップを敷きこみ、バニラアイスを詰める。均等にならし、冷凍庫に一晩入れる。

2) 当日　生地を作る。オーブンを180℃に熱しておく。卵を黄身と白身に分ける。卵白のほうに塩を振り、グラニュー糖120gを少しずつ加えながら、ツノが立つまでしっかり泡立てる。卵黄を加え、最後に、ふるいにかけた薄力粉を加えてさっくりと混ぜる。

3) 天板にクッキングシートを敷きこみ、2)を流しこむ。表面が淡く色づくまで10分ほどオーブンに入れる。こんがりするまで焼かないこと。皿の上にひっくり返し、クッキングシートをはがす。生地をシリコンモールドと同じ直径の円形にカットする。

4) カシスジュレを小さめのボウルに入れ、少量のぬるま湯で伸ばす。ジョーおじいちゃんのほほ笑みのように、甘くてやさしいシロップにすること。

5) メレンゲを作る。卵白をボウルに入れ、スピードを少しずつ速めながら、グラニュー糖を数回に分けて加えて、固めに泡立てる。ガラスの大エレベーターに反射する星のきらめきのように、キラキラとつややかなメレンゲにすること。

6) 3)の生地に、4)のシロップを刷毛でしっかり染みこませる。1)のバニラアイスをのせ、5)のメレンゲで全体を覆う。絞り袋やスプーンなど好みの道具を使おう。冷凍庫に10分入れる。グリルに5分入れ、メレンゲの表面を色づける。ウンパ・ルンパの歌声を聴きながら、すぐに食べよう。

† **材料**(6人分)

必要な道具
半球形シリコンモールド(直径5〜8cm)

生地用
卵……4個
塩……1つまみ
グラニュー糖……120g
薄力粉……120g

メレンゲ用
卵白……2個分
グラニュー糖……150g
バニラアイス……1000ml

カシスジュレ(または好みのジュレ)……大さじ6

錬金術師のパン

ある日のこと、ニコラス・フラメルは、自分で食べるために大好きなプチパンを焼いていた。ところが、どうやら作り方を間違えてしまったようで、オーブンを開けたら焦げた皮の中から火のように赤い石が現れた。おっちょこちょいな錬金術師は、こうして〈賢者の石〉を創造したとして伝説の人物になったのだ。

† **調理時間・20分**　　† **加熱時間・25分**　　† **寝かせ時間・3時間**

1) バターとグラニュー糖100gをボウルに入れ、泡立て器でしっかり泡立ててムース状にする。卵を加えて混ぜ、ふるいにかけた強力粉とベーキングパウダーを加えてさらに混ぜ、最後にアーモンドプードルを加える。

2) 食用色素を加えて、鮮やかな赤色にする。

3) 生地をラップで包みこみ、太めの棒状にまとめる。グレイシアス（凍結呪文）をかける。あるいは冷蔵庫に3時間入れる。

4) オーブンを200℃に熱しておく。料理人が食べられてしまう危険性があるので、ドラゴンに火をつけてもらうのはご法度だ。

5) 3)の生地を大きめのクルミ大に丸め、バットに入れたグラニュー糖の上を転がし、さらにココアパウダーの上を転がす。軽く叩いて余分を落としてから、クッキングシートを敷いた天板にのせ、オーブンに20分入れる。冷めたら、勝利の喜びに浸りながら味わおう。

† **材料**（15個分）

常温に戻したバター……50g
グラニュー糖
……100g+適量（まぶし用）
卵……2個
強力粉……180g
ベーキングパウダー
……大さじ1
アーモンドプードル……100g
食用色素（赤）……少量
ココアパウダー……適量

ムッツリー氏のスフレ

ゴーストリー町の人たちは、オンボロ屋敷に住みついた幽霊オリーブの姿を見てもちっとも驚かない。だって、オリーブはやさしいし、生きていた頃もずっと屋敷にいて本を読んだり、物語を書いたり、おしゃべりをしたりしていたからね。幽霊になった今、オリーブにはたっぷり時間がある。とくにハロウィンの夜には！

† 材料（招待客4人分）

必要な道具
フードプロセッサー

バターナッツカボチャ……450g
バター……15g
卵……4個
グラニュー糖……100g
カトルエピス（ナツメグ、ジンジャー、クローブ、シナモン）
……小さじ1
薄力粉……30g
粉糖……少量

† 調理時間・20分　† 加熱時間・20分

1) カボチャの皮は固いので、ケガをしないよう気をつけて！　柔らかくするために電子レンジに数分かけるとよいだろう。両端を1cmほど切り落とし、縦半分に割り、ピーラーで皮を剥く。種とわたを取り除いて、実を角切りにする。
2) 1）のカボチャを蒸し器で10分ほど蒸し、フードプロセッサー（ハンドブレンダーでも可）で攪拌してピューレ状にする。
3) オーブンを200℃に熱しておく。ラメキンなどの耐熱小皿の内側にバターを塗っておく。卵を黄身と白身に分ける。2）に卵黄にグラニュー糖を加えて、泡立て器で混ぜる。カトルエピス、ふるいにかけた薄力粉を加え、さらに混ぜる。
4) 卵白をツノが立つまでしっかり泡立てる。3）に加えて、均一になるようそっと混ぜる。なるべく空気を含ませるよう、ゆったりした動きでさっくり混ぜ合わせること。
5) 3）のラメキンに注ぎ分け、オーブンに10分入れる。
6) 上から粉糖を振ったら、急いで食べよう。イグナチウス・B・ムッツリーはこう書いている。「スフレが招待客の来訪を待つのではない。招待客がスフレの完成を待つのだ」

Biscuits & gâteaux à l'assiette

クリスマス

† **材料**(4人分)

必要な道具

半球形シリコンモールド(直径5
～8cm)

金網

保存瓶(ル・パルフェ・ダブル
キャップジャー、または類似品)
……4個

好みのクリスマスピック

イソマルト(パティゾルト)
……200g

卵……3個

ブラウンシュガー……50g

マスカルポーネチーズ
……250g

塩……1つまみ

クレメンティン(なければミカン)
……6個

パン・デピス(スパイスケーキ)
……6切れ

粉糖……適量

クリスマスドーム

雪が降らないクリスマスなんて、本物のクリスマスとは言えないよ！ いや、たとえ冬将軍が来なくても、陽気なクリスマスの幽霊が、このクリスマスドームでぼくたちを驚かせてくれるはずだ。

† **調理時間・30分** † **加熱時間・2分**

1) ドーム状の飴細工を作る。イソマルトを鍋に入れて弱火(150℃)で溶かす。モールド1つに対して大さじ1ずつを注ぎ入れ、すぐに回して全体に行き渡らせる。モールドを金網の上にひっくり返し、余分を落としながらドーム状に固める。失敗した時のために余分に作っておくとよい。

2) クリームを作る。卵を黄身と白身に分ける。卵黄にブラウンシュガーを加えて、ムース状になるまで泡立て器でかき混ぜる。マスカルポーネチーズを加えてさらに混ぜる。

3) 卵白と塩を別のボウルに入れ、ツノが立つまでしっかり泡立てる。しぼまないよう気をつけながら、2)に加えてさっくりと合わせる。

4) クレメンティン4個をレモン絞り器で絞り、茶こしに通して果肉と果汁に分ける。残り2個のクレメンティンの皮を剥き、薄皮と白い部分を取って果肉だけを取り出す。3)を大さじ4、パン・デピスを1切れ、クレメンティンの果肉4個を飾りつけのために取っておく。

5) パン・デピス5切れを4)の果汁に浸し、適度な大きさにカットして保存瓶の底に敷く。クレメンティンの果肉をのせ、さらに3)のクリームをのせる。再び同じようにする。1番上はクリームにすること。

6) 4)で取り分けておいたパン・デピスをさいの目にカットし、上から散らす。クレメンティンの果肉をのせ、クリスマスピックを挿し、粉糖を軽く振る。

7) 1)のドーム状の飴細工をモールドからはずし、6)の上からかぶせる。取っておいたクリームで飴細工の底を埋めるなどして形を整える。好みで粉糖を振る。よく冷やし、サンタクロースが来るのを待ちながら食べよう。

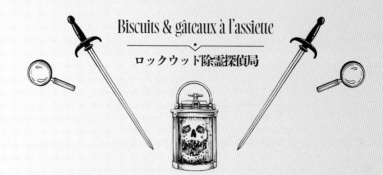

考えるワッフル

考えごとをする時のジョージには、おいしい自家製ワッフルが欠かせない。キッチンテーブルを覆う〈考える布〉がなぜあれほどのメモや落書きで埋め尽くされているのか、これを味わってみればきっとわかるはずだ。

† 調理時間・10分　　† 寝かせ時間・20分

† 加熱時間・ワッフル1個につき5分＋5分

1) バター40gと牛乳を鍋に入れて弱火にかけ、溶けたら火から下ろして冷ます。

2) 薄力粉をふるいにかけてボウルに入れ、卵を加えてよく混ぜる。ダマにならないよう泡立て器でしっかりかき混ぜながら、1)のバターを少しずつ加える。20分寝かせておく。必要に応じてワッフルメーカーを熱しておく。

3) リンゴの皮を剥いて、芯と種を取り除き、厚さ2〜3mmにスライスする。きみの能力と気分次第で、ナイフ、スライサー、レイピア（除霊探偵局調査員公認武器）のいずれを使ってもよい。

4) 残りのバター40gをフライパンに入れて強火にかけ、リンゴをさっと炒める。火を弱めてグラニュー糖を振り入れ、5分ほど加熱して両面をカラメリゼさせる。シードルを加えて、水分がなくなるまで加熱する。

5) 2)の生地をレードルでワッフルメーカーのプレートに流し入れ、表面がこんがりするまで5分ほど焼く。火傷をしないよう気をつけながら、トングなどで皿に載せる。

6) 4)のカラメリゼしたリンゴを美しく盛りつけ、バニラアイスを1スクープ添える。夜を徹して除霊作業をするなら、ぜひこれで腹ごしらえをしておこう！

† 材料（6個分）

必要な道具

ワッフルメーカー

常温に戻したバター
……40g＋40g（リンゴ用）

牛乳……100ml

薄力粉……165g

卵……1個

リンゴ……6個

グラニュー糖……60g

シードル（あるいは発泡性リンゴジュース）……100ml

バニラアイス……6スクープ

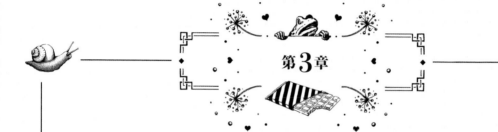

第3章

魔法使いの
冷やして
食べるデザート

宇宙を高速で移動するアイスクリーム

トニー・スタークことアイアンマンと、スティーヴン・ストレンジことドクター・ストレンジは、ひとつの戦いを終え、次に待ち受ける戦いに備えて話し合いをしていた。その会話の中で、アイアンマンはミックスフルーツアイスが好きで、ドクター・ストレンジはピスタチオアイスのほうが好みだということが判明したのだ。

† 調理時間・30分　† 加熱時間・10分　† 冷凍時間・12時間

1) ピスタチオをフライパンに入れて強火にかけ、時々かき混ぜながら10分ほどローストする。清潔な布巾に包み、上から力強くこすって薄皮を剥く。もう一度火にかけて、グラニュー糖40gを加えてカラメリゼする。常温で冷ましてから粗めに砕く。

2) 卵を白身と黄身に分ける。卵黄を大きめのボウルに入れ、グラニュー糖40gを加えて泡立て器でよくかき混ぜる。

3) 2)の卵白をツノが立つまでしっかり泡立てる。ハチミツを小鍋に入れて火にかけ、沸騰させる。熱したハチミツを、糸状に細く垂らしながらゆっくりと卵白に加える。泡立て器でかき混ぜつづけること。つややかでなめらかなメレンゲ状になり、泡立て器を持ち上げた時に、先端が鳥のくちばしのような形になったら完成。2)に加えてよく混ぜ、さらにホイップ済み生クリームを加える。

4) 全体を均一になるまで混ぜ合わせ、1)のピスタチオを加え、好みのモールドに注ぎ入れる。ラップでフタをし、冷凍庫に一晩入れる。

† 材料（スーパーヒーロー／ヒロイン6人分）

必要な道具
好みの形のモールド（エンゼル型、クグロフ型、ドーナツ状宇宙船型など）

ピスタチオ（殻なし、無塩）……240g
グラニュー糖……80g
卵……3個
ハチミツ……120g
ホイップ済み生クリーム（無糖）……400ml

森のわらぶき小屋のデザート

森や野原の散歩から戻ってきたら、マーリンのようにデザートを作ろう。おいしくて、からだにやさしくて、羽根を1回羽ばたかせる間に完成してしまう、簡単でとっても不思議な魔法のおやつだ。

† **材料**（ある程度は腕の立つ魔術師4人分）

好みの赤い果実（ブルーベリー、ラズベリー、スグリなど）
……500g

レモンタイム……2本

アガベシロップ（またはハチミツ）
……大さじ4

水を切ったフェセル（またはカッテージチーズ）……300g

† **料理時間・5分**　† **寝かせ時間・1時間**

1) 新月の夜が明ける頃、赤い果実とレモンタイムを聖なる泉の清らかな水で洗いなさい。大きめの果実があれば、ベリー類の大きさに合わせてカットしておくこと。

2) 1) を椀に入れ、アガベシロップを加えてそっと混ぜ合わせなさい。1時間置いてマリネしなさい。その間に森へ行って、自分がいなかった間に何か変わったことはなかったか、リスに尋ねておこう。

3) きみの器にフェセルを盛り、2) の椀の中身を好きなだけ上にのせなさい。鳥の歌声を聞きながら食べよう。

虹色のアイスキャンディ

アブラカとフィルマンは、いつだっておとぎ話の登場人物たちを助けてあげている。ラプンツェルの髪を洗ったり、やさしいオオカミの悩みを解決したり。あまりに忙しくてへとへとになった時は、イマジの国との架け橋である虹の色のアイスキャンディをなめながらひと休みしよう。

† 調理時間・30分　† 冷凍時間・12時間

1) すべてのフルーツを流水で洗い、必要に応じて皮を剥き、軸を取り、種を除く（魔法を使ってもよいし、好みで人間がするようにしてもよい）。

2) 魔法剣を巧みに操りながら、すべてのフルーツをさいの目に切る。色別にボウルに分け入れ、それぞれを水60ml、ヨーグルト80gと一緒にミキサーにかけ、ねっとりした液状にする。

3) 作業中、長靴をはいた猫や8番目の小人やカエルになったプリンセスたちに邪魔されることなく、すべて滞りなく終えられた場合、5色のピューレ（黄、オレンジ、赤、紫、緑）が完成しているはずだ。

4) キッチンへ行って戸棚から漏斗を探し出す。あるいは、カラボス家の秘密の扉（実は2階のトイレの中にある）を通っておばあちゃんの書斎に入り、魔術書から役立つ呪文を見つけてもよい。

5) 漏斗や呪文を使い、3)のピューレをアイスキャンディ型に少しずつ注ぐ。地球の虹に見立てて、紫、緑、黄、オレンジ、赤の順に注ぐこと。色が混ざらないよう気をつける。アイススティックを型の中心に刺し、冷凍庫に一晩入れる。

6) ほかの登場人物たちが助けを呼びに来るまで、井戸のそばに座ってのんびり味わおう。

† 材料（12〜15本分）

必要な道具
アイスキャンディ型
ミキサー（ハンドブレンダーでも可）
アイススティック
……12〜15本

パイナップル……250g（黄）
マンゴーまたはアンズ
……250g（オレンジ）
イチゴまたはラズベリー
……250g（赤）
ブラックベリーまたはカシスまたはブルーベリー
……250g（紫）
キウイ……3個（緑）
水……300ml
ギリシャヨーグルト……400g

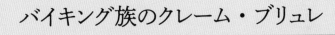

バイキング族のクレーム・ブリュレ

バイキング族は、ナイト・フューリーによく似た漆黒のデザートを発明した。自分たちの子ども、孫、ひ孫たちに、ドラゴンとの特別な信頼関係を忘れないでいてもらうためだ。

† 材料（ドラゴン乗り6人分）

牛乳…… 450ml
生クリーム……450ml
黒ゴマペースト……45g
グラニュー糖……130g
卵黄……7個分
ブラウンシュガー……大さじ6

† 調理時間・20分　　† 加熱時間・45分　　† 冷蔵時間・20分

1) ドラゴンたちと一緒にいてラッキーなことがひとつある。それは、いつでもすぐに火が手に入るということだ！　知り合いのドラゴンに丁重にお願いをして、オーブンを150℃に熱してもらう。別の知り合いのドラゴンにコンロを中火にしてもらい、牛乳と生クリームを入れた鍋をかける。仲よしのナイト・フューリーに見守られながら、黒ゴマペーストを加えて溶かす。濾し器やザルに通す。

2) グラニュー糖と卵黄を大きめのボウル（あるいはXLサイズのツノつきかぶと）に入れ、全体が白っぽくなるまで泡立て器でよくかき混ぜる。

3) スプーンを使って1)を少しずつ2)に加える。ある程度までできたら糸状に細く垂らしながら加えてもよい。卵黄が熱で固まらないよう気をつけること。

4) ラメキンなどの耐熱小皿に注ぎ分け、湯煎で40分ほど加熱し、粗熱を取る。そのへんをぐるっと飛行訓練をしている間、冷蔵庫に入れておく。

5) ブラウンシュガーを振り、一番食いしん坊なドラゴンの炎であぶってカラメリゼする（あるいはガスバーナーであぶるか、グリルに5分入れる）。

Bols, mousses & crèmes

チャームド　魔女3姉妹

朝のヨーグルトボウル

朝が苦手な人は、パイパーのように魔力で時間を止めてみよう。出かける前にゆっくりと食事をして、平穏な暮らしを破壊しようとする悪魔たちと戦うパワーを養うのだ。

†調理時間・5分

1）忙しくなりそうな一日の朝、太陽が空に上りはじめたら、ギリシャヨーグルトとスキムミルクを愛用のボウルに入れてよく混ぜる。

2）呼吸を2回する間にメープルシロップを糸状に細く垂らしながら加え、まばたきを1回する間にバニラエキストラクトを加える。

3）インスタントコーヒーとシナモンパウダーを振り、すり下ろしたオレンジの皮とファンタジー心を少量ずつ散らす。

4）おいしく食べたら、大きく深呼吸をし、さあ、悪魔退治に立ち上がろう！

†**材料**（1ボウル分）

ギリシャヨーグルト……50g

スキムミルク……50g

メープルシロップ
……大さじ2

バニラエキストラクト
……小さじ1/2

フリーズドライインスタントコーヒー……小さじ1/2

シナモンパウダー
……1つまみ

有機オレンジ……1個

疲れているママを元気づけるための
フルーツサラダ

† **材料**(見習い魔女とその両親4〜6人分)

オレンジ(またはブラッドオレンジ)……2個

ピンクグレープフルーツ(またはスウィーティー)……1個

ザクロ……1個

アガベシロップ(またはハチミツ)……大さじ4

大好きなママに早く元気になってほしい!　そんな時はミルドレッドの真似をしてみよう。愛情をこめて、ビタミンたっぷりのフルーツサラダを作ってあげれば、きっと喜んでもらえるし、今日一日はたっぷり甘やかしてくれるはずだ。

† **調理時間・**15分　† **冷蔵時間・**1時間

1)すべてのフルーツを洗う。

2)いつものように、魔法やサーベルを使って、柑橘類の果肉だけをちゃちゃっと取り出そう。

3)あるいは、外皮と白い薄皮をナイフで切り落とし、薄皮に沿って切り込みを入れて果肉だけを取り出してもよい。果肉をボウルに入れる。

4)ザクロを2等分にして赤い粒だけを取り出し、3)のボウルに加える。

5)アガベシロップを注ぎ、果肉をつぶさないよう気をつけながらよく混ぜる。1時間冷蔵庫に入れる。あるいは、のちに親友になるはずの女の子がほうきの操縦を誤ってきみの家のベランダを壊してしまったら、修理が終わるまで冷やしておこう。

最後の晩餐のパフェ

ホッパーとほかの囚人たちは、収容所で豪華な食事にありついた。そこで供されたのがこのパフェだ。デモゴルゴンとの対決前の最後の晩餐だったのだが、運よくライターをくすねるのに成功したホッパーは、火が苦手なデモゴルゴンに打ち勝つことができたのだ。

†材料（4杯分）

必要な道具
フードプロセッサー（ミキサー、ハンドブレンダーでも可）

バニラアイス……100g
イチゴ……400g
粉糖……50g
レモン……1個
アーモンドスライス……150g
ホイップ済み生クリーム（スプレー缶タイプ）……1缶

†調理時間・25分　†加熱時間・5分

1) アイスを冷凍庫から出しておく。

2) イチゴを洗ってヘタを取る。8個を取り除き、残りを粉糖と一緒にフードプロセッサーで撹拌する。作業台にのせたレモンを、手のひらで強く押しながら転がす。2つに割って果汁を絞り、茶こしに通してフードプロセッサーに加え、ソース状になるまで撹拌する。

3) 2) で取っておいたイチゴのうちの2個を1/4ずつにカットする（全部で8個になる）。残り6個をさいの目にカットする。

4) 大きめのフライパンにアーモンドスライスを広げ、強火で5分ほどローストして黄金色にする（火が通りやすいので焦がさないよう気をつけること）。火から下ろして冷ます。

5) 透明のパフェグラスに、材料を次のとおりに順番に入れる。2) のソース大さじ1、1) のバニラアイス1スクープ、4) のアーモンドスライス1つまみ、3) のさいの目にしたイチゴ数個、ホイップ済み生クリーム山盛り大さじ1。同様にもう1巡繰り返して、最後に2) のソース大さじ2をたっぷりとかけ、一番上に3) の1/4にカットしたイチゴとアーモンドスライスをのせる。

6) さあ、すぐに食べよう。そしていざ、モンスターとの対決だ！

ハーフリングのコンポート

かつてホビット族は、人間の半分くらいのからだであることから、ハーフリングと呼ばれていた。当時は、主に森や野原で収穫したものを食していたが、中つ国の大地はとても豊かだったので、すでにおいしいものをたくさん味わっていたという。

† 材料（ハーフリング4人分）

レモン……1個
好みの品種のリンゴ……3個
シナモンパウダー
……小さじ1/2
ヘーゼルナッツ……50g
ハチミツ……大さじ4

† 調理時間・10分　† 加熱時間・30分

1) 作業台にのせたレモンを、手のひらで強く押しながらごろごろと転がす。2つに割って果汁を絞り、茶こしに通して取っておく。

2) リンゴを洗って皮を剥き、芯と種を取って1〜2cmのさいの目にカットする。

3) 2)のリンゴを鍋に入れ、シナモンパウダーを振り、1)のレモン果汁、大さじ2杯の水を加える。火にかけて沸騰させ、小さな泡が立ちはじめたらすぐに火を弱める。フタをして30分ほどコトコトと煮こむ。リンゴが柔らかくなったら完成。

4) ヘーゼルナッツを粗めに砕く。

5) 3)にハチミツを加える。リンゴの形を残しておきたければ、崩さないようそっと混ぜる。すべてなめらかにしたければ、フードプロセッサーなどで攪拌する。

6) 1人分ずつの碗に分け入れる。上から4)を散らして、熱々でも、冷やしても、あるいは温かい状態でも、好みの温度で食べるとよい。

どんなに大変な時でも作れる
チョコレートムース

白い魔女に支配されたナルニア国は本当に悲惨なんだ。だって、冬がずっと
続くのに、いつまで経ってもクリスマスにはならないんだから！ でも親切な
フォーンは、たとえ自分の暮らしがどんなに大変でも、街灯跡野で出会った
イブの娘のためにおいしいおやつを作ってあげたんだよ。

† 調理時間・5分

1) 大きめのボウルにホイップ済み生クリームを入れよう。粉糖とココアパウダーを小さな
青い椀（この容器がこのレシピの要だ）に入れて混ぜ、濾し器に通しながら生クリー
ムのボウルの上に振りかける。

2) 生クリームがしぼまないよう気をつけながら、泡立て器でさっくりと混ぜ合わせよう。
雪のように軽く仕上げること。

3) 味見をしよう。確認するために、もう一度味見をしよう。さあ、ふんわり柔らかい真っ
赤なマフラーを巻いて、雪に覆われた街灯跡野にお客さんを迎えに行こう（傘を忘
れないで！）。

† 材料（ケア・パラベルの王
と王女たち4人分）

ホイップ済み生クリーム（スプ
レー缶タイプ）
……250g（1缶）
粉糖……大さじ1
ココアパウダー（無糖）
……40g

バジリスクの目入りクリームデザート
（新米魔法使い向けレシピ）

巨大蛇のバジリスクと決して目を合わせてはいけない！　発せられる光線に囚われたが最後、からだが硬直して即死してしまうからだ。ただし、幽霊のからだ越し、または鏡越しに見ただけなら、石化はしても死なずに済むかもしれない。

†**材料**（魔法使い8人分）

缶詰のアンズ……8個
牛乳……500ml
ババロアの素（抹茶味）
……1袋
チョコチップ……8個

†**調理時間・5分**　　†**加熱時間・5分**　　†**冷蔵時間・45分**

1）クリーチャーに頼んで、アンズの水を切ってもらう。シロップは、あとで尊敬する女主人さまのカクテルを作るために取っておく。アンズが丸ごとの場合、4個を横に2つにスライスする。刃が長くてよく切れるナイフを使うか、セクタムセンプラ（切り裂け）の呪文を使うこと。半分のアンズが8個できたことを確認する。

2）残り4個のアンズを、ちっちゃくちっちゃくちっちゃくカットして、すべて同じくらいの大きさにする。大きすぎても小さすぎてもダメで、休憩中のトロールの足の親指くらいの大きさが理想的。

3）善良な屋敷しもべ妖精に頼んで、牛乳を鍋に入れて弱火にかけてもらう。ババロアの素を加えて溶かす。5分ほど火にかけてとろみをつける（あるいは、パッケージの裏面に書かれている偉大な魔法使いが書いた注意書きに従う）。

4）クリーチャーに頼んで、2）のカットしたアンズを、デザートボウル8個の底に分け入れてもらう。3）の液体をその上に注ぎ、1）のアンズをへこんだほうを上にして（つまり、膨らんだほうを下にして！）のせる。ただし、アンズのへこみに液体が入らないよう気をつけて！　絶対に、決して、ほんの少しだけでも入ってはいけない！　液体が固まるまで、器ごと冷蔵庫に45分ほど入れる。

5）忠実な屋敷しもべ妖精に頼んで、4）を冷蔵庫から出してもらう。かつて種が入っていたはずのアンズのへこみにチョコチップを入れる。これで巨大蛇の目が入ったことになる。

6）さて、出来上がり。あとはクリーチャーが、尊敬する女主人さまと客人たちにうやうやしく供するだけだ。

いい子じゃない子どもたちの
なれの果て

いたずら好き、いじめっ子、いばりんぼう、文句ばかり言ってる子たちは、くれぐれも気をつけて！　魔女につかまってこんなふうにされちゃうよ。

† 材料(魔女6人分)

必要な道具
モンブラン口金と絞り袋

マロンペースト……450g
マロンクリーム……150g
パレ・ブルトン(厚焼きバタークッキー)……1箱
花形焼きメレンゲ(小)
……12個
リンゴとラズベリーのコンポート
……1瓶

† 調理時間・25分

1) なまいきなクソガキを捕まえたりゃ、ぐちゃぐちゃにしてやりゃなきゃなりゅまい。だから、フードプロセッサーにかけりゅざんす。あるいは、マロンペーストとマロンクリームを混ぜ合わせて、なめりゃかなペーストにすりゅざんす。

2) きれいな皿を探し出して(でないとおいしくなりゃないざんす)、パレ・ブルトンを1つのせりゅざんす。その上に1)のペーストを少量置き、メレンゲをのせてくっつけりゅざんす。

3) 1)のペーストをモンブラン口金をつけた絞り袋に入れりゅざんす。2)のメレンゲの上に、きれいな渦巻き模様を描きながりゃ、円錐形に絞りだすざんす。

4) 残りのメレンゲとクソガキの骨を砕いて、3)の上に散りゃすざんす。最後に、血の色をしたコンポートを上からおいしそうに垂りゃすざんす。

5) 食べりゅまで、冷暗所に置かなきゃなりゅまいざんす。

6) 世界じゅうの魔女がやってくる次回の集会の時に食べりゅざんす！

目玉焼きのトロンプ・ルイユ

このトロンプ・ルイユさえあれば、たとえ見習い奇術師でもみんなをビックリさ
せられるだろう。そう、シンプルかつ効果的なやり方で、きみもフーディーニ
のようなイリュージョンの名手になれるのだ。

†調理時間・25分　　†加熱時間・5分　　†冷蔵時間・2〜4時間

1) ビギナー奇術師向け：
   アンズの水を切り、丸ごとの場合は2つにカットする。

2) ベテラン奇術師向け：
   マンゴーの皮を剥き、果実を小さくカットしてからミキサーにかける。250mlの果汁を
   鍋に入れ、粉末寒天を振り入れて火にかける。絶えずかき混ぜながら沸騰させる。沸き
   はじめたらすぐに火から下ろし、1分ほどかき混ぜてから半球形モールドに流しこむ。
   冷ましてから冷蔵庫に2時間以上入れる。

3) パンナコッタ用のすべての材料を鍋に入れる。中火にかけ、泡立て器でかき混ぜなが
   ら沸騰させる。沸きはじめたらすぐに火から下ろし、1分ほどかき混ぜる。

4) バットがシリコン製の場合、3)を直接流しこむ。金属製バットの場合、ラップを敷いて
   から3)を流しこむ。冷蔵庫に2時間入れる。固まったら、目玉焼きの卵白部分のように
   不均等な円形にカットする。

5) 4)を崩さないようそっと皿にのせ、その上に1)または2)をのせる。ほら、目玉焼きの完
   成！　ジャジャーン！

†材料（奇術師4人分）

必要な道具
半球形シリコンモールド（直径3
〜4cm）（ベテラン向け）
バット

ビギナー向け
缶詰のアンズ……4個

ベテラン向け
マンゴー……1個
粉末寒天……1袋

パンナコッタ用
豆乳……700ml
グラニュー糖……50g
粉末寒天……2g
バニラエキストラクト
……小さじ1

空飛ぶパヴロヴァ

メアリー・ポピンズによると、空を飛べるようになるにはちょっとしたコツがあるという。一番大切なのは、楽しい気分になるものを思い浮かべること。たとえば、空気のようにふんわり軽いパヴロヴァがおすすめだ。お茶の時間にみんなで味わえば、あーら不思議！　いつの間にか足がふわふわと宙に浮いてしまうはず！

† 材料（8個分）

必要な道具
丸口金と絞り袋

卵白……4個分
塩……1つまみ
粉糖……40g
ホワイトビネガー
……小さじ2
バニラエキストラクト
……小さじ1
コーンスターチ……大さじ2
ペッシュ・ド・ヴィーニュ（赤桃、なければ黄桃。缶詰も可）
……200g
スグリとブルーベリー（なければサクランボ、カシスなどの赤い果実）……合わせて100g
ホイップ済み生クリーム（加糖）
……適量

† 調理時間・20分　† 加熱時間・1時間30分

1) オーブンを120℃に熱しておく。卵白に塩を加え、ツノが立つまでしっかり泡立てる。粉糖を少しずつ振りながら、つややかな状態になるまで泡立てつづける。ホワイトビネガー、バニラエキストラクト、コーンスターチを加え、ゴムベラでそっと合わせる。丸口金をつけた絞り袋に入れる。

2) クッキングシートに鉛筆などで直径8cmの円を8つ下書きする。シートをひっくり返し、下書きに合わせて1)を渦巻き状に円形に絞る。外周に沿ってもう一周絞り重ねて、器状にする。

3) しっかり乾燥するまで、オーブンに90分入れる。フルーツ類を洗う（缶詰の場合は水を切る。桃は薄切り（さいの目でもよい）にカットする。

4) ホイップ済み生クリームを2)の中にたっぷり詰める。3)のフルーツを上からバランスよく散らす。すぐに食べよう。

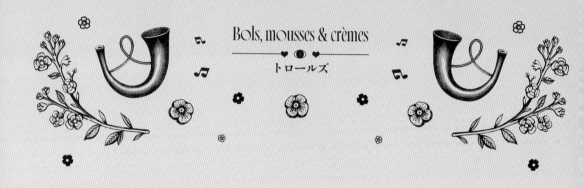

トロルクレム

ノルウェーには〈トロールの通り道（トロルスティーゲン）〉というつづら折りの山道があるんだって。一見したところ、あのからだの大きなノルウェー人とちっぽけなトロールには、さほど共通点が見つからないかもしれない。でもノルウェーでは昔から、あのカラフルな髪によく似た、その名も「トロールクリーム」というデザートが作られてきたんだ。

† **調理時間・15分**　† **冷蔵時間・1時間**

1) 雨水を溜めておいた壺に板ゼラチンを浸け、5分置いて柔らかくする。発声練習をし、何回かステップを踏んでから、フルーツ類を洗う。後で使うので2握り分ほど取っておく。

2) 残りのフルーツ類をフードプロセッサーでピューレ状にする。リズムに合わせて粉糖を振りかけ、ホイップ済み生クリームを加える。

3) オレンジジュースを鍋に入れて温め、水を切った1)のゼラチンを加えて溶かし、泡立て器でよく混ぜる。2)に加えてよく混ぜ、1)で取っておいたフルーツ1握り分を加えてさらに混ぜる。

4) 深皿や好きな形の型に注ぎこみ、清流の中、あるいは冷蔵庫などの冷たいところに1時間以上置く。

5) 型からはずし、1)で取っておいた残りのフルーツ1握り分を上に散らす。踊ったり唄ったりしながら味わおう！

† **材料**（トロール8人分［あるいは食いしん坊なトロール4人分］）

必要な道具
フードプロセッサー（ミキサーでも可）

板ゼラチン……6枚
ブルーベリーまたはカシス……300g
イチゴ……300g
スグリ……300g
粉糖……大さじ2
ホイップ済み生クリーム（加糖）……500ml
オレンジジュース……大さじ4

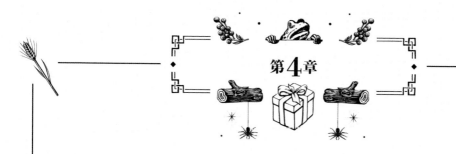

第4章

魔法使いの
みんなで
食べるケーキ

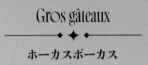

Gros gâteaux
━━━━◆●◆━━━━
ホーカスポーカス

携帯用アンゼリカケーキ

今どきの若い子たちって、いつも画面ばかり見てるのね。そのゲームパッドから手を離して、〈魔術の本〉をパラパラッとめくればすぐにわかるのに。そう、わたしたちサンダーソン3姉妹は、アンゼリカが大、大、大っ嫌いだってことに。アンゼリカがあると呪いが解けちゃうの！ でも今の子たちはそんなことさえ知らないのよ。ふっふっふ。

† 材料（用意周到な若者6〜8人分）

必要な道具
パウンドケーキ型（テフロン加工、シリコン加工など型離れのよいもの）

卵……3個
塩……1つまみ
アンゼリカ（砂糖漬け）……120g
バター……120g
グラニュー糖……140g
米粉……180g
ベーキングパウダー……5g

† 調理時間・20分　† 加熱時間・40分

1）魔女たちの夜に月が上る頃、卵を白身と黄身に分けよ。卵白に塩を加え、最初はゆっくりとかき混ぜ、徐々にスピードを上げながら、ツノが立つまでしっかり泡立てるのだ。

2）オーブンを180℃に熱しておけ。アンゼリカを小さなさいの目にカットし、くっつかないよう少量の薄力粉（分量外）を全体にまぶしておけ。バターを小さく切り、電子レンジに30秒入れて溶かすのだ。

3）1）の卵黄にグラニュー糖を加えて、全体が白っぽくなるまで泡立て器でかき混ぜよ。ふるいにかけた米粉とベーキングパウダー、2）の溶かしたバターを加え、均一になるまでよく混ぜるのだ。1）の泡立てた卵白を加え、しぼまないよう気をつけながらさっくりと混ぜ合わせよ。最後に2）のアンゼリカを加えよ。

4）生地をパウンドケーキ型に流しこみ、オーブンに40分入れよ。よく冷ましてから型からはずすのだ。出かける時は必ず一切れ持ち歩くこと。そして絶対に何があっても、黒い炎のロウソクには火をつけてはならない！

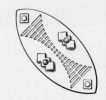

Gros gâteaux
◆◇◆
ジュマンジ

〈ノラズ〉のチョコレートケーキ

ジュマンジでの冒険を終えた4人は、行きつけのダイナーの〈ノラズ〉に集まって、オーナーのノラが作った、一度食べたら忘れられないおいしいチョコレートケーキを味わった。

† 調理時間・20分　† 加熱時間・40分

1) 半分まで水を注いだ鍋の中に、ひとまわり小さいボウルを入れて湯煎鍋を作る。小さく砕いたチョコレート、カットしたバターをボウルに入れ、加熱して湯煎で溶かす。

2) オーブンを180℃に熱しておく。卵を黄身と白身に分ける。ふるいにかけた薄力粉、コーンスターチ、ベーキングパウダーを別のボウルに入れ、グラニュー糖を加えて混ぜ、さらに卵黄を加えて混ぜる。

3) 卵白に塩を加え、最初はゆっくりとかき混ぜ、徐々にスピードを上げながら、ツノが立つまでしっかり泡立てる。勇気ある者の頭の上でボウルをひっくり返しても落ちないくらい固く泡立てること（落ちた場合、相手に謝罪をし、きちんと拭いてあげてからもう一度やり直す）。

4) 2)のボウルに1)の溶かしたチョコレートを少しずつ加える。熱で卵黄が固まらないよう気をつけること。3)の泡立てた卵白を加えてそっと合わせる。

5) ケーキ型に流しこみ、オーブンに40分ほど入れる。なるべくしっかり冷ましてから味わおう。

注) 信頼できる仲間たちと一緒に味わうのが望ましい。

† 材料（冒険者8人分）

必要な道具
好きな形のケーキ型

ブラックチョコレート
……200g
バター……180g
卵……6個
薄力粉……50g
コーンスターチ……50g

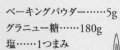

ベーキングパウダー……5g
グラニュー糖……180g
塩……1つまみ

春の野山のチーズケーキ

† 材料（妖精6人分）

必要な道具
ケーキ型（マンケ型など）

生地用
スペキュロス（スパイスクッキー）……250g
常温に戻したバター……80g

コンポート用
ルバーブ……400g
グラニュー糖……50g

クリーム用
卵……2個
コーンスターチ……20g
グラニュー糖100g
生クリーム……100g
フロマージュ・ブラン……800g

イチゴ……400g
粉糖……30g

もの作りの妖精であるティンカー・ベルが、メインランドへ行きたいがために、季節を届ける妖精になると言いだした。するとあら大変! 自然界は混乱に陥り、春の準備は台無しに。幸いにも、ティンカー・ベルはもの作りの妖精に戻ると決め、メインランドにもようやく春がやってきた。野山に花が咲き、赤い果実が収穫できる季節の到来だ!

† 調理時間・35分　† 加熱時間・1時間10分　† 冷蔵時間・4時間

1) このお菓子は食べる前日に作っておくと、よりおいしく味わえる。ただし、魔法で消されてしまうケースもあるようだが……。

2) オーブンを180℃に熱しておく。必要に応じて、ケーキ型に薄くバターを塗る（分量外）。生地を作る。スペキュロスをフードプロセッサーで攪拌し、粗めの粉状にする（さくさくした食感を残す）。バターを加えてよく混ぜ、ケーキ型の底に詰める。冷暗所に置いておく。

3) コンポートを作る。ルバーブを洗って皮を剥き、長さ2〜3cmにカットする。鍋に入れて中火にかけ、グラニュー糖を加える。フタをせずに15分ほど煮る。火から下ろして冷ます。

4) クリームを作る。大きなボウルに卵を割り入れる。殻のカケラが落ちたら取り除いておくこと。コーンスターチ、グラニュー糖、生クリーム、フロマージュ・ブランを加えて、泡立て器でよく混ぜる。3）のコンポートを加える。2）の生地の上に流しこみ、オーブンに55分入れる。型を揺らしてみて、中心がフルフルと震えなければ完成。型に入れたままで、粗熱を取ってから冷蔵庫に4時間以上入れる。

5) 4時間後（できれば翌日）、イチゴを洗ってヘタを取り、薄くカットする。4）の型をはずし、イチゴをバランスよくのせる。粉糖を振って、お花畑の中で食べよう。

ガリア人のプディング（ヒ素無配合）

エジプトの女王クレオパトラのために、宮殿を建てる手助けをしたガリアの戦士たち。ところがその事実が、どうやら宮廷建築家のアモンボーフィスの怒りを買ってしまったらしい。アモンボーフィスはヒ素入りプディングをこっそりクレオパトラに送りつけ、毒味役が体調を崩したのを見ると、「ガリア人が女王を毒殺しようとした！」とここぞとばかりに騒ぎだしたのだ……。ここでは、より平和的なプディングを紹介しよう。

† 材料(ガリア人6〜8人分)

必要な道具
シリコン製ケーキ型（直径16cm）

バター……180g
グラニュー糖……60g
ハチミツ……200g
レモン果汁（またはオレンジ果汁）……60ml
卵……2個
薄力粉……370g
ベーキングパウダー……10g
レモンピール……60g

マーマレード用
ブラッドオレンジ……3個
オレンジ……3個
グラニュー糖……125g
ハチミツ……50g

† 調理時間・35分　† 加熱時間・2時間30分

1) バター、グラニュー糖、ハチミツ、レモン果汁をフライパンに入れ、中火にかけて全体を溶かす。ボウルに移して粗熱を取り、卵を入れて泡立て器でよく混ぜる。ふるいにかけた薄力粉とベーキングパウダー、細かく刻んだレモンピールを加える。レモン栽培にヒ素含有農薬が使われていなかったかを確認しておくこと。ケーキ型に流しこみ、2枚重ねにしたアルミホイルでしっかりとフタをする。蒸し器で2時間ほど蒸す。

2) 蒸し器がなければ、大きな鍋の中で耐熱性の器をひっくり返して台座を作り、その上に1)をのせ、台座より低めに水を入れて蒸せばよい。水が少なくなったら熱湯をつぎ足すこと。

3) マーマレードを作る。ブラッドオレンジとオレンジの外皮と白い薄皮をナイフで切り落とし、薄皮に沿って切り込みを入れて果肉だけを取り出す。10個ほど仕上げ用に取っておく。残りの果肉を鍋に入れて中火で35分ほど煮こみ、グラニュー糖を加える。ヒ素ではないか確かめておくこと。ハチミツを加え、火から下ろして常温で冷ます。

4) 1)のケーキ型を作業台にのせて、アルミホイルのフタを取り（火傷しないよう気をつけること）、竹串を中心に刺して何もくっつかなければ完成。型からはずし、粗熱が取れたら3)を表面にたっぷりと塗り、取り分けておいた果肉を散らす。これでヒ素なしプディングの出来上がり。さあ、ナイル川でワニの餌食にさせられるのはいったい誰かな？　ガリア人ではないことは間違いない！

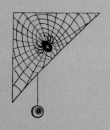

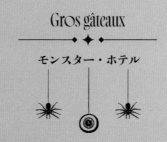
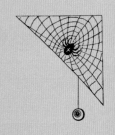

トランシルヴァニア名物ケーキ

我がホテルにモンスターたちがこぞってやってくるのは、何も彼らの希望が当館でひとつ残らず叶えられるからではない（それはあまりにも言い過ぎってものだ）。そうではなく、よそでは決して味わえない当館名物のケーキが味わえるからなのだ。

† 調理時間・35分　　† 加熱時間・40分　　† 寝かせ時間・15分

1) レーズンをオレンジジュースに15分浸けてふやかし、水分を切る。レモンの皮を剥き、沸騰させた湯で5分湯がく。水気を切って千切りにする。沸騰させた湯で天使の髪を茹でて、水気を切る。
   注：ミイラのマリーの包帯を使って水気を切ると便利だぞ。ただし、臭いが残ってしまうかもしれないが……。

2) オーブンを180℃に熱しておく。卵4個を黄身と白身に分ける。殻のカケラが落ちたら取り除くこと。バター75gを電子レンジに30秒入れて溶かす。卵黄と粉糖を大きめのボウルに入れ、泡立て器で混ぜる。バニラビーンズのさやを縦に割り、ナイフの背で中の種をこそぎ取って加える。ホイップ状クリームチーズ、1)のふやかしたレーズン、千切りにしたレモンの皮、茹でた天使の髪を加えて混ぜ合わせる。
   注：え、やることが多すぎるだと？　そういう時は友人たちに手伝ってもらえばよい。みんな嬉々としてやってくれるだろう。もし嫌がったら、催眠術をかけてやらせればよいのだ。

3) 2)の卵白をツノが立つまでしっかり泡立てる。ホイップ済み生クリームを加え、なるべくふんわりした状態を保ちながら混ぜ合わせる。2)のボウルに加える。

4) 残りのバター75gを電子レンジで溶かす。パートフィロ3枚を、端を余らせた状態でバットの底に敷きつめる。溶かしたバターを刷毛で塗る。3)のボウルの中身を均一に流しこむ。残ったパートフィロ3枚でフタをする。残りの卵1個を溶き、パートフィロの上に刷毛で塗り、オーブンに35分入れる。メガネをかけた透明人間に気をつけながら、15分置いて冷ます。

† 材料（体毛、羽毛、鱗があるモンスターたち8人分）

レーズン……100g
オレンジジュース……250ml
有機レモン……1個
天使の髪（カッペリーニ）……200g
卵……4個＋1個（ドリュール用）
バター……75g＋75g（塗布用）
粉糖……50g
バニラビーンズ……1本
ホイップ状クリームチーズ……600g
ホイップ済み生クリーム（スプレー缶タイプ）……1缶
パートフィロ……6枚

天井でのティータイム用
ビックリ仰天逆さまタルト

そう、アルバートおじさんのところに行くといつもこうなの。ティータイムのたびに笑いが止まらなくなっちゃって、くるくる回りながら天井まで浮かび上がってしまう。それで結局、頭もテーブルもケーキも逆さまの状態でお茶の時間を過ごすのよ。

† 調理時間・20分　† 寝かせ時間・1時間　† 加熱時間・30分

1) アルバートおじさんが天井に浮かぶ方法を子どもたちに教えている間に（楽しいことを考えればいいだけだから、すごく簡単なんだけどね）、生地を作る。ふるいにかけた薄力粉、塩、小さくカットしたバターをボウルに入れ、よく混ぜ合わせる。両手で挟んで擦って、ほろほろ崩れる生地になったら卵を加える。よくこねてボール状にまとめ、冷暗所で1時間寝かせる。

2) オーブンを220℃に熱しておく。カラメルを作る。グラニュー糖を鍋に入れて火にかけ、絶えずかき混ぜつづける。カラメルが琥珀色になったらすぐにケーキ型に注ぎ入れる。赤胴色にはしないこと。そのまま冷ます。

3) フィリングを作る。リンゴと洋梨を4等分にして皮を剥き、種と芯を取り除き、厚さ3〜5mmほどにスライスする。リンゴと洋梨の半量を2)のカラメルの上にバランスよく並べ、グラニュー糖大さじ3を振り、小さくカットしたバターを散らす。厚さ3〜5mmの円形に整えた1)の生地を上にのせる。生地の直径は型より大きめにしておくこと。残り半量のリンゴと洋梨をのせて、余った生地を内側に折りこむ。オーブンに25分入れる。

4) オーブンから出したら、耐熱皿の上でひっくり返す。残りのグラニュー糖大さじ1を振り、グリルに5分入れ、表面をカラメリゼさせる。さあ、完成した逆さまタルトを持って天井に上ろう。待ちかねていた家族と一緒に、あちこちに飛び跳ねながら味わおう。

† 材料（6〜8人分）

必要な道具
ケーキ型（マンケ型など）

生地用
薄力粉……200g
塩……1つまみ
バター……160g
卵……1個

フィリング用
リンゴ（好みの品種）
……500g
洋梨（好みの品種）……500g
グラニュー糖……大さじ4
バター……25g

カラメル用
グラニュー糖……120g

バスブーサ

発掘許可証の交付審査のために、セオの両親が運営する考古博物館に外務省の調査員がやってきた。ところが、階上では目覚めたばかりのミイラたちが大騒ぎ！ 調査員の注意をそらすには、このとっておきのバスブーサを出すしかない。

† 材料(考古学者4人分)

必要な道具

マンケ型など好みのケーキ型
（バットでも可）
型より大きいバット

牛乳……500ml
セモリナ粉……300g
バター……15g
卵……1個
グラニュー糖……15g

ソース用
コーンスターチ……大さじ1/2
水……150ml
赤い果実（サクランボ、ラズベリーなど）のジュース……150ml

† 調理時間・10分　† 寝かせ時間・30分　† 加熱時間・20分

1) 牛乳を大きめの鍋に入れて火にかけ、沸騰させる。沸きはじめたらすぐに火を弱め、セモリナ粉を加える。全体がなめらかになるまで15分ほど、常にかき混ぜながら加熱する。

2) かき混ぜながら、バター、卵、グラニュー糖を加えて沸騰させる。型に流しこみ、全体を均一にならす。これ以上火が入らないよう、冷水を張ったバットに型を入れる。完全に冷めてから型から抜く。

3) ソースを作る。コーンスターチを少量の水で溶く。残りの水、赤い果実のジュースと一緒に鍋に入れ、火にかける。よくかき混ぜながら5分ほど沸騰させて、火から下ろして冷ます。

4) 適度な大きさに切り分けた2)の上に3)のソースをかけて提供する。興味があるふりをして調査員の話を聞きながら、階上でミイラたちが立てる騒音をごまかそう。

† **材料**（妖精や魔法使い8
〜10人分）

必要な道具
シリコマート社のシリコン型キット
「アーリ・ディ・ファータ」
ミキサー（フードプロセッサー、ハ
ンドブレンダーでも可）
丸口金と絞り袋

花の中心とオレンジ模様用
アンズ（缶詰でも可）
……250g
ペクチン……大さじ1
グラニュー糖……大さじ1

赤い模様用
ラズベリー……200g
ペクチン……大さじ1
グラニュー糖……大さじ1

花びら用
ラズベリーヨーグルト
……300g

仕上げ用
フロマージュ・ブラン
……150g
ホイップ済み生クリーム（スプ
レー缶タイプ）……1缶
バニラヨーグルト……500g
パレ・ブルトン（厚焼きバタークッ
キー）……1箱

作るのが大変そう……と尻込
みしないで! 食べる4日前から
毎晩20分ずつ作業をすればよ
いのだ。空き時間を使えば簡単
さ。

おとぎの国の不思議なケーキ

なんとまあ、カラボス家のコクリュシュってやつ、実はあの長靴をはいた猫だっ
たんだって? たいした食通らしくてさ、摩訶不思議なすごいケーキを作って
は、アブラカ、フィルマン、そしておとぎの国の客人たちにふるまってるって
話だよ。

† **調理時間・20分×4回**　　† **冷凍時間・12時間×4回**

† **冷蔵時間・1時間**

1) 4日前　アンズとラズベリーを別々にミキサーにかけ、ピューレ状にする。グラニュー
　糖をペクチンで溶かし、各ピューレと混ぜる。それぞれ鍋に入れて火にかけ、2分沸騰さ
　せる。冷ましてから丸口金をつけた絞り袋に入れ、インサートシリコン型（小）にアンズ
　ピューレを詰める。シリコンシートの溝の3分の1（溝を2本空けながら1本ずつ）にア
　ンズピューレを絞り、隣の溝にラズベリーピューレを絞る。型（小）とシートを冷凍庫
　に一晩入れる。

2) 3日前　ラズベリーヨーグルトを、インサートシリコン型（中）の3分の1の高さまで詰
　める。1) の型（小）をはずし、軽く押しながら上にのせ、さらにラズベリーヨーグルトで
　覆う。冷凍庫に一晩入れる。フロマージュ・ブランとホイップ済み生クリーム200gを混
　ぜ、丸口金をつけた絞り袋に入れる。1) のシートの残り3分の1の溝に絞り、最後に
　シート全体を覆うようにのせて均等に広げる。半円筒形のサポート型（下）に沿わせ
　るようにシートをのせ、冷凍庫に一晩入れる。

3) 2日前　バニラヨーグルトを、インサートシリコン型（大）の3分の1の高さまで詰め
　る。2) の型（中）の型をはずして上にのせ、さらにバニラヨーグルトで覆う。均等に広
　げてから冷凍庫に一晩入れる。

4) 前日　組み立てる。ホイップ済み生クリームを、2) のサポート型（下）のシートの上に
　薄くのせる。3) の型（大）の型をはずして上にのせる。サポート型（上）をのせてふたを
　し、さらにホイップ済み生クリームを薄くのせる。ただし端5mmは残しておくこと。パ
　レ・ブルトンを細かく砕き、空いたスペースを埋めるようにして軽く押しながら詰める。
　冷凍庫に一晩入れる。

5) 当日　サポート型（上）（下）をはずし、シートをはがす。長皿にのせ、冷蔵庫に1時間
　入れてから食べる。

Gros gâteaux

◆

ウェンズデー

イーニッドとウェンズデーのケーキ

あまりに性格が違いすぎて仲良くなんかなれっこない……イーニッドとウェンズデーのふたりを見て、初めは誰もがそう思った。ところが、まるで昼と夜のように、そしてこのケーキの右半分と左半分のように、ふたりは切っても切れない間柄になったのだ。

† 調理時間・45分×3回　　**† 加熱時間・**1時間

† 冷蔵時間・12時間以上

1) 前日　生地を作る。オーブンを150℃に熱しておく。型に刷毛でバター（分量外）を薄く塗り、クッキングシートを8cm以上の高さまで敷きつめる。卵とグラニュー糖をボウルに入れ、全体が白っぽくなるまで泡立て器で混ぜる。ふるいにかけた薄力粉とベーキングパウダー、バニラパウダーを加え、ゴムベラでさっくりと混ぜ合わせる。生クリームを加えて、なめらかな生地になるまで混ぜ合わせる。

2) 生地を型に流しこみ、オーブンに50分～1時間入れる。竹串を中心に刺して、何もくっつかなければ完成。10分ほど置いて粗熱を取り、型から抜く。上下を逆さまにしてさらに冷ます。ラップで全体を包み、冷蔵庫に一晩入れる（上下逆さまのままで）。

3) マスカルポーネ入りホイップ済みクリームを作る。冷たい生クリーム、マスカルポーネチーズ、グラニュー糖をボウルに入れ、徐々にスピードを上げながらハンドミキサーで固めに泡立てる。2つのボウルに分け入れ、一方にバニラビーンズの種、もう一方にチョコレートスプレッド を加える。よく混ぜてからそれぞれを丸口金をつけた絞り袋に入れる。冷蔵庫に一晩入れておく。

4) 当日　スイスメレンゲベースのバタークリームを作る。卵白とグラニュー糖をボウルに入れ、80℃の湯煎にかけながら泡立て器でよくかき混ぜる。ボウルの中身が50℃になったら湯煎から下ろし、ハンドミキサーの最速で泡立ててしっかり固いメレンゲにする。

5) ツノが立ったらハンドミキサーの速度を落とし、バターを少しずつ加える。数分だけ最速で泡立てて、全体を均一に混ぜ合わせる。再び低速にし、全体がなめらかになるまで15分ほどかき混ぜる。2つのボウルに分け入れ、一方に紫色の食用色素ジェル、もう一方にピンク色の食用色素ジェルを加える。よく混ぜてからそれぞれを丸口金をつけた絞り袋に入れる。常温に置いておく。

6) 組み立てと飾りつけをする。2)の生地を、それぞれ2cmほどの厚さになるよう、横に3等分にスライスする。皿の上に5)のバタークリームを少量乗せ、一番凸凹している生

† 材料（ネヴァーモア学園の生徒10～12人分）

必要な道具
調理用温度計
ハンドミキサー
ホールケーキ焼き型（底取れ式、直径15cm）
回転台
丸口金……4個
星口金……2個
絞り袋（フリーザーバックで代用可）……6個

生地用
卵……100g
グラニュー糖……160g
薄力粉……160g
ベーキングパウダー……6g
バニラパウダー……1g（またはバニラビーンズ1本）
生クリーム……160g

マスカルポーネ入りホイップ済みクリーム用
生クリーム（乳脂肪分30%）……110g
マスカルポーネチーズ……110g
グラニュー糖……20g
チョコレートスプレッド……大さじ1
バニラビーンズの種……1/2本分

スイスメレンゲベースのバタークリーム用
卵白……6個
グラニュー糖……180g
常温に戻したバター……350g

仕上げ用
ホワイトキャンディメルツ……50g
食用色素ジェル（ピンク、オレンジ、
黒、紫）……適量
ラズベリー（フィリング用）……適量
チョコチップ（フィリング用）……適量
パールシュガー、カラフルシュガー、
マジパン……適量

地を置いて固定させる。これ以降は、左右半分ずつ異なる飾りつけをするので、どこからどこまでかわかるよう印をつけておく（矢印を書いた付箋を貼っておくとよい）。

7) 皿に置いた生地の一番外側に、5)のバタークリームを1周絞る（右半分：ピンク、左半分：紫）。その内側に3)のホイップ済みクリームを詰め（右半分：バニラ、左半分：チョコ）、フィリングを散らす（右半分：ラズベリー、左半分：チョコチップ）。フィリングの量によっては、外側のバタークリームを2段にしてもよい。フィリングが外にはみ出さないよう気をつけること。生地をもう1枚のせて同じようにする。一番上に3枚目の生地（一番平らなものにする）をのせる。

8) 上面と側面に5)のバタークリームを絞り（右半分：ピンク、左半分：紫）、パレットナイフで均等にならす。ケーキを回転台にのせるとやりやすい。冷蔵庫に1時間以上入れる。

9) キャンディメルツを湯煎で溶かし（さらっとさせるためにサラダ油を少量加えてもよい）、2つのボウルに分け入れ、食用色素ジェルで一方をオレンジ、もう一方を黒色にする。低温で固まるので温かい状態を維持すること。

10) 9)を小さなスプーンですくって（絞り袋を使ってもよい）、ケーキの側面に液体が垂れている跡をつける（右半分：オレンジ、左半分：黒）。5)のバタークリームの残りを星口金をつけた絞り袋に移し、ケーキの上面に絞って飾りつける（右半分：ピンク、左半分：紫）。好みでパールシュガー、カラフルシュガー、マジパンで飾りつける。

Gros gâteaux

◆ ◇ ◆

チャームド　魔女3姉妹

サウィン祭のチーズケーキ

トリック・オア・トリート！　プレスコット通り1329番地の家から、そんな声が聞こえてくる。そう、フィービー、パイパー、プルーのハリウェル3姉妹が、魔女界でもっとも重要なイベント、ハロウィンの準備をしているのだ。子どもたちに配るキャンディやジャック・オ・ランタンを用意したら、そろそろカボチャ入りチーズケーキを焼きはじめよう。あまりにおいしすぎて、とうとう魔術書にまでレシピが掲載されたという特別なスイーツだ。

† 調理時間・20分　† 加熱時間・40〜50分

1) 生地を作る。オーブンを180℃に熱しておく。ケーキ型にクッキングシートを敷きこむ。スペキュロスをフードプロセッサーで攪拌して粉状にする。バターを電子レンジに30秒かけて溶かす。粉状のスペキュロスに溶かしバターを加えて混ぜる。ケーキ型に敷きこみ、スプーンの背で押してしっかり固める。

2) フィリングを作る。カボチャの皮は固いので、ケガをしないよう気をつけよう。電子レンジに数分かけると柔らかくなる。両端を1cmほど切り落とし、縦半分に割り、ピーラーで皮を剥き、種とわたを取り除く。実を角切りにし、蒸し器で10分ほど蒸してから、フードプロセッサーで攪拌してピューレ状にする。

3) 2)のピューレ、フレッシュチーズ、グラニュー糖、カトルエピスをボウルに入れ、均一になるまでよく混ぜる。卵とレモン果汁を加えてさらに混ぜる。

4) 3)を1)の型に流しこみ、オーブンに30〜40分ほど入れる。表面がこんがりと色づき、魔法の杖（または竹串）を中心に刺してもどろりとした生地がくっつかなかったら完成。

† 材料（魔法使い、魔女、霊媒師8人分）

必要な道具
ケーキ型（直径約20cm）
フードプロセッサー（ミキサー、ハンドブレンダーでも可）

生地用
スペキュロス（スパイスクッキー）……120g
バター……50g

フィリング用
バターナッツカボチャ……500g
フレッシュチーズ……250g
グラニュー糖……70g
カトルエピス……1つまみ
卵……2個
レモン果汁……1個分

すてきにねとねとするロール菓子

† **材料**（サプライズゲスト6
人分）

卵……4個
塩……1つまみ
バター……50g
グラニュー糖……100g
薄力粉……100g
アンズジャム……150g
アンズ（缶詰でも可）……4個

『ライオンと魔女』での一幕です。ピーター、スーザン、ルーシィ——白い魔女に誘惑されたエドマンドはいません——は、ビーバー夫妻の家にやってきました。3人は夫妻においしい食事をごちそうになり、最後に夫人ご自慢のデザート、すてきにねとねとするロール菓子をいただきましたとさ。

† **調理時間・20分**　† **加熱時間・10分**

1) オーブンを180℃に熱しておきます。バットにクッキングシートを敷きこみます。ビーバー夫人がすてきなダムをこしらえている間に、一番上等なエプロンをつけて、卵を黄身と白身に分けましょう。卵白と塩を青い花模様の陶器に入れ、ツノが立つまでしっかり泡立てます。

2) 小さめの鍋にバターを入れ、弱火で熱します。好みの柄と色のボウルを選んで、卵黄とグラニュー糖を入れ、白っぽいムース状になるまで泡立て器でよくかき混ぜます。ふるいにかけた薄力粉、熱したバター、1)の泡立てた卵白を加えます。なるべく空気を含ませるよう、ゆったりした動きでさっくり混ぜ合わせましょう。1)のバットに流しこみ、オーブンに10分入れます。

3) 清潔なストライプ柄の布巾を、作業台の上に広げます。その上に2)の生地をのせて、熱いうちに布巾ごとロール状に丸めましょう。そのまま冷まします。その間に、アンズを洗って皮を剥き、種を取り除き（缶詰の場合は水を切り）、薄くスライスします。

4) 生地を広げ、表面全体にたっぷりとアンズジャムを塗り、3)のスライスしたアンズをのせましょう。生地を再び丸め、全体の形を整えて、1人分ずつ切り分けます。ほら、鈴の音と笑い声が聞こえてきませんか？　もうすぐ白い魔女が支配する冬が終わりを告げ、楽しいクリスマスがやってくるでしょう。

白狼メダリオンのタルト

ドラゴン討伐隊に参加したゲラルトとイェネファー。谷底への落下をかろうじてまぬがれたふたりは、その翌日、討伐隊を率いる〈三羽烏のボルク〉の正体を知る。そう、彼こそが〈ヴィレントレテンマース〉、伝説のゴールドドラゴンだったのだ！ 実は、ドラゴンを倒すためにゲラルトを雇ったというのは嘘で、自分たちの卵を傭兵たちから守るためだった。

† 調理時間・20分　　† 寝かせ時間・40分　　† 加熱時間・1時間5分

1) 生地を作る。薄力粉をふるいにかけてボウルに入れ、グラニュー糖、塩を加えて混ぜる。サラダ油、レモン果汁を加えて混ぜ、水を少しずつ加えながらこねる。水の量を加減しながら、パサパサでもネバネバでもなく、魔術師の心のようにしなやかな状態にすること。2等分してそれぞれボール状にまとめ、冷暗所で40分以上寝かせる。

2) フィリングを作る。サクランボを洗い、軸を取り、種を抜く。リンゴの皮を剥き、芯と種を取って、1〜2cmの角切りにする。鍋に入れて中火にかけ、グラニュー糖とレモン果汁を加えて混ぜ、15分ほどコトコトと煮る。コーンスターチを加え、火から下ろして冷ます。

3) オーブンを200℃に熱しておく。1)の生地をいずれも5mmの厚さに伸ばす。1枚の生地をタルト型に敷きこみ、焼成時に生地が膨らまないよう、フォークの先端でまんべんなくピケする。2)のフィリングを流しこむ。もう1枚の生地を白狼メダリオンの形に切り抜き、目の部分に穴をあけ、フィリングの上にのせる。溶き卵を刷毛で白狼の上に塗る。オーブンに50分入れる。翌日食べてもおいしいタルトの完成！（仮に翌日まで残っていれば、だが）。

† 材料（魔法剣士8人分）

必要な道具

タルト型

生地用

薄力粉……375g

グラニュー糖……大さじ1

塩……1つまみ

サラダ油……大さじ3

レモン果汁……大さじ1

水……80〜120ml

フィリング用

サクランボ……750g

リンゴ……2個

グラニュー糖……250g

レモン果汁……大さじ1

コーンスターチ……50g

溶き卵（ドリュール用）

……1個分

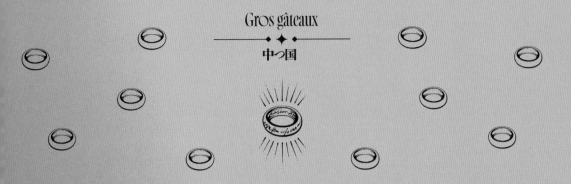

力の指輪ケーキ

エルフの三つの指輪、ドワーフの七つの指輪、人間の九つの指輪、そして
冥王サウロンの一つの指輪……さて、食いしん坊がやってきたあとは、いっ
たいいくつ残っているだろうか?

†材料 (エルフ、ホビット、
ドワーフ、人間、魔術師20
人分)

必要な道具
コンパス
クッキングシート

生地用
粉糖……400g
薄力粉……50g
卵白……4個分
アーモンドプードル……400g
バニラエキストラクト
……小さじ2

アイシング用
粉糖……200g
レモン果汁……200ml

†調理時間・20分　†加熱時間・10分　†冷蔵時間・12時間

1) 前日　生地を作る。薄力粉と粉糖をボウルに入れて混ぜる。卵白、アーモンドプード
   ル、バニラエキストラクトを加えてこね、固めの生地にする。ボール状にまとめ、ラップ
   で包んで冷蔵庫に1晩入れておく。

2) 当日　オーブンを180℃に熱しておく。1)の生地を使用する30分前に冷蔵庫から出
   しておく。クッキングシートを広げ、コンパスを使って15個の円を描く。直径8〜22cm
   まで1cmずつ大きさが異なる円にすること。生地を親指ほどの太さに伸ばし、シート
   に描いた円と同じ大きさに成形する。

3) クッキングシートを敷いた天板にのせ、オーブンに10〜12分入れる。生地のサイズに
   よって時間を調節すること。ロスローリエンのような黄金色になったら焼き上がり。

4) ホビット庄の豊かな風景を眺めながら、30分常温に置いて冷ます。出来上がった指
   輪を大きい順に並べる。粉糖をレモン果汁に溶かしてアイシングを作る。一番大きな
   指輪の表面に、アイシングでジグザグ模様や波模様を描く。次に大きな指輪をのせ
   て貼りつける。すべての指輪を同様にして積み重ねる。

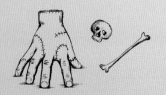

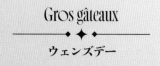
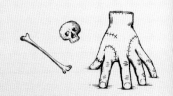

グラニー・アダムスの〈ハンド〉

せっかくお菓子を作りはじめたのに途中でやめてしまい、しばらくして続きを作りかけたと思ったらまた中断して……といったことを繰り返していると、最初に想定したのとはまるで違うものが出来上がってしまうことがある。グラニーの場合も、秘伝の解剖レシピ通りに〈手〉を作ろうとしたのに、途中で中断したことからあの〈ハンド〉が生まれたのだ。

† 調理時間・30分　† 加熱時間・5分　† 冷凍時間・12時間

1) 前日　ゴム手袋を水で洗ってパウダーを落とす（あるいはパウダーフリーのものを使う）。裏表を逆にして乾かす。全体に薄くサラダ油を塗って（絵筆やオイルスプレーがあれば使う）、裏表を元に戻す。すべての指先に裁縫バサミで5mmの切り込みを入れる。

2) マシュマロを湯煎にかけて溶かす。水道水をバットに入れ、自分の手を浸してまんべんなく濡らす。

3) 2)の溶かしたマシュマロにポン菓子を加え、濡れた手で混ぜ合わせる。ベタついてきたら、手を再び水に浸す。均一になったら、1)の手袋の中に詰める。あとで破損の原因になるので、指先と指と根元部分に空気が入らないようしっかりと詰めること。手袋を好みの形に整え、冷凍庫に一晩入れる。

4) 当日　マジパンペーストを薄く伸ばす。手袋をハサミで切りながらはずす。手の甲は腕の穴からハサミを入れ、指は切り込みからハサミの先端を入れて、少しずつ慎重に切ること。マジパンペーストで手の表面を覆う。見えない部分を継ぎ目にすること。あるいは、傷跡のようにしてあえて見せてもよい。指先にアーモンドスライスをのせて爪にする。

5) 縫合跡や傷跡をフードペンで描く。関節のシワに切り込みを入れる。きみにできるやり方で生命を宿らせよう。

※インスタントコーヒーを水で溶き、関節や爪部分に絵筆で塗ってもよい。

† 材料（アダムス家のメンバー6〜8人）

必要な道具
ゴム手袋（XLサイズ、または一番大きいサイズ）
裁縫バサミ（先端が尖ったもの）
オイルスプレー（あれば）
絵筆（あれば）

マシュマロ……100g
ポン菓子……100g
サラダ油……大さじ1
マジパンペースト（白）
……200g
フードペン（黒）……1本
アーモンドスライス……少量

サーファーボーイ・ピザ

もしきみが、アーガイルのように世界一クールで、超哲学的で、めちゃくちゃ
心が広い人間なら、ほら、この〈サーファーボーイ〉のピザを試してごらん。
ホーキンスにある多くのものと同様に、このピザにも見た目とは異なる何かが
隠されているかもしれない……。

† 調理時間・20分　† 加熱時間・30分

1）オーブンを240℃に熱しておく。ピザクラストの準備をする。市販のものを使用する
　場合、商品に記載されている使用方法に従う。フレッシュな生地を使う場合、厚さ2
　～3mmに伸ばし、ピザ専用トレー（またはクッキングシートを敷いた天板）にのせて
　オーブンで15分ほど焼く。黄金色になり、軽くカリッとした状態にすること。

2）パイナップルの水を切り、8等分にする。小さめのフライパンを火にかけてバターを溶
　かす。パイナップルを加えて5分ほど強火で炒める。火を弱めてブラウンシュガーを振
　り入れ、さらに5分加熱してカラメリゼする。火から下ろして冷ます。

3）サクランボのジュレと水大さじ1～2を小鍋に入れてとろ火にかけ、とろりとしたソース
　状にする。1）のピザクラストの表面に塗り、2）のカラメリゼしたパイナップルをのせる。

4）ホワイトチョコレートをチーズおろし器やスライサーで削り、3）の上に振る。オーブン
　に5分入れて完成。

† 材料（6～8人分）

ピザクラスト（行きつけのピザ
ショップで買うか、あるいは市販
のもの）……500g

バター……30g

缶詰のパイナップル（無糖）
……1缶

ブラウンシュガー……大さじ3

サクランボのジュレ…… 100g

ホワイトチョコレート……60g

Gros gâteaux

◆

ゆうれい作家はおおいそがし

シャーリー・タベールのブラウニー

75年間、町じゅうで一番おいしいと言われてきた、シャーリー・タベール経営のゴーストリー・レストラン。名物の自家製ブラウニーはとろーりとろけて、ほっぺたが落ちるほどおいしいんだよ。

†材料(幽霊8人分)

ブラックチョコレート……200g
バター……150g
クルミ(ピーカンナッツでも可)
……100g
卵……3個
ブラウンシュガー……120g
薄力粉……50g

†調理時間・20分　†加熱時間・25分　†寝かせ時間・30分

1) オーブンを180℃に熱しておく。バットにクッキングシートを敷きこむ。大きめに砕いたチョコレートと角切りにしたバターを一緒に湯煎で溶かす(水を張った鍋を弱火にかけ、ひとまわり小さいボウルを重ね、そこに入れる)。

2) クルミをフライパンに入れて強火にかけ、さっとローストする。苦みが出るので焦がさないよう気をつけること。

3) 卵を大きめのボウルに割り入れ、ブラウンシュガーを加えて泡立て器で混ぜる。1)を加えてさらに混ぜる。ふるいにかけた薄力粉を加えて混ぜ、2)のクルミを加える。

4) バットに流しこみ、オーブンに25分入れる。常温で30分以上冷まし、大きめに切り分けて食べよう。

アドバイス:不思議なことに、冷ましている間にちょっとでも目を離すと、あっという間に消えてしまうので気をつけて。いや、まあ、何も幽霊のオリーブのせいだと言いたいわけではないんだけどね……。

Gros gâteaux

———— ◆ ◆ ◆ ————

フランケンシュタイン

チョコレート製フランケンシュタイン

好きな材料を使って、きみならではの怪物を作ろう。ネジやボルトではなくチョコレートを使うのが望ましいが、まあ、個人の好みがあるのでお気に召すままに。

† 料理時間・50分　† 加熱時間・1時間　† 冷蔵時間・13時間

1) 前日　チョコレート生地を作る。オーブンを150℃に熱しておく。ケーキ型の内側にバター（分量外）を薄く塗り、クッキングシートを敷きこむ。卵とグラニュー糖をボウルに入れ、ハンドミキサーで5分ほど泡立て、白っぽいムース状にする。薄力粉、ココアパウダー、ベーキングパウダーをふるいにかけて加え、ゴムベラを使ってそっと混ぜる。ムースがしぼまないよう気をつけること。生クリームを加え、全体がなめらかになるようそっと混ぜ合わせる。

2) 1)の生地を型に流しこみ、オーブンに50分〜1時間ほど入れる。竹串を中心に刺して、どろりとした生地がつかなければ焼き上がり。10分待って型から抜き、クッキングシートをはがす。表面を平らにするため、上下逆さまにして常温に置き、完全に冷めてからラップで包んで一晩冷蔵庫に入れる（上下逆さまにしておく）。

3) ガナッシュ・モンテのガナッシュを作る。ミルクチョコレートを湯煎で溶かす。生クリーム100gを小鍋に入れて火にかけて熱し、溶かしたチョコレートに2回に分けて加える。1回加えるごとに、泡立て器でしっかりかき混ぜること。最後に残りの生クリームを冷たいまま加える。ラップでフタをして、一晩冷蔵庫に入れる。

4) クーベルチュール・ガナッシュを作る。ブラックチョコレートを湯煎で溶かす。生クリームを小鍋に入れて熱し、溶かしたチョコレートに4回以上に分けて加える。1回加えるごとに、泡立て器でしっかりかき混ぜること。ハンドブレンダーを数秒ほど回してもよい。ラップでフタをして、一晩冷蔵庫に入れる。

5) 当日　組み立てる。3)のガナッシュを、最初はゆっくりとかき混ぜ、徐々にスピードを上げながら、ツノが立つまでしっかり泡立てる。丸口金をつけた絞り袋に入れ、冷蔵庫に入れておく。4)のクーベルチュール・ガナッシュの1/3を、別の丸口金をつけた絞り袋に入れ、冷蔵庫に入れておく。

6) 2)の生地を、それぞれ2cmほどの厚みになるよう、横に3等分にスライスする。皿の

† 材料（10〜12人分）

必要な道具
ケーキ型（直径15cm×高さ8cm以上）
ハンドミキサー
回転台
絵筆
丸口金と絞り袋……2組

チョコレート生地用
卵……2個
グラニュー糖……160g
薄力粉……130g
ココアパウダー（無糖）……30g
ベーキングパウダー……6g
生クリーム……160g

ミルクチョコレートのガナッシュ・モンテ用
ミルクチョコレート……100g
生クリーム……210g

クーベルチュール・ガナッシュ用
ブラックチョコレート……300g
生クリーム（乳脂肪分30%）
……300g

仕上げ用
市販または自家製のシュガーペースト（緑）……400g
市販または自家製のシュガーペースト（黒）……100g
市販または自家製のシュガーペースト（白）……適量
溶かしバター……適量

上にクーベルチュール・ガナッシュを少量垂らし、一番凸凹している生地をのせて固定させる。生地のいちばん外側に、4) の絞り袋に入れたクーベルチュール・ガナッシュ1周絞る。ガナッシュ・モンテの半量をその内側に詰め、均等に広げる。外にはみ出さないよう気をつけること。生地をもう1枚のせて同様にする。一番上に3枚目の生地（一番平らなものにする）をのせる。

7) 上面と側面をクーベルチュール・ガナッシュで覆い、パレットナイフで均等にならす。ケーキを回転台にのせるとやりやすい。冷蔵庫に1時間以上入れる。

8) 仕上げの飾りつけを行なう。緑のシュガーペーストを、長さ50cm×幅10cm×厚さ3cmの長方形に整える（ケーキ型に合わせる）。ケーキを回転台にのせて、全面に溶かしバターを塗る（糊の代わりにする）。緑のペーストを麺棒に巻きつけ、ケーキの側面にゆっくりと貼りつけていく。手で軽く押しながらしっかりくっつけること。はみ出た部分はカットする。

9) 黒のシュガーペーストを、直径22cm×厚さ3cmの円形に整える。髪に見立てて、ペティナイフで周囲に切り込みを入れる。ケーキの上にのせ、軽く押して貼りつける。緑のペーストの上に重なった部分は、水に浸した絵筆を使って貼りつける。冷蔵庫に入れておく。

10) 大きさの異なる抜き型を使い、白と黒のシュガーペーストで目のパーツを作る。水に浸した絵筆を使ってパーツを組み合わせる。9) のケーキに目を貼りつける。黒のシュガーペーストで鼻、口、縫合跡を貼りつけて完成。

注：飾りつけに時間がかかる場合、45分ごとにケーキを一旦冷蔵庫に入れる。完成後すぐに食べない時は、シュガーペーストが湿気らないよう、保存容器に入れて冷蔵庫に入れる。2日以内に食べきること。常温に出したら、30分以内に食べるようにする。

先住民のタルト

ジョン・スミスと知り合ったポカホンタスは、この土地の美しさと豊かさを彼に教えつづけた。もしジョンが先住民の食事に招待され、伝統食であるこのお菓子を味わっていれば、きっとことばで伝える以上に自然の恵みに強い感銘を受けただろう。

† 調理時間・20分　† 加熱時間・45分

1) タルト生地1枚を型に敷きこむ。焼成時に生地が膨らまないよう、フォークの先端でまんべんなくピケする。

2) ブルーベリーを水で洗い、1)の上に均一に広げる。グラニュー糖、水、エルダーフラワーシロップを、小さめの鍋に入れて弱火にかける。グラニュー糖が溶けるまで、かき混ぜながら加熱する。火から下ろし、ブルーベリーの上にかける。

3) オーブンを180℃に熱しておく。2)の上にもう1枚のタルト生地をかぶせ、端を軽く押しながら、生地同士を貼りつける。はみ出た生地があればカットし、好きな抜き型で抜いておく。焼成中に出る蒸気を逃がすため、表面の数カ所に切り込みを入れる。抜き型で抜いた飾りをのせ、溶き卵を塗る。オーブンに45分入れる。

4) 冷ましてから、風の声を聴きながら食べよう。

† 材料（冒険者8人分）

必要な道具

タルト型

市販のタルト生地……2枚

ブルーベリー（冷凍でも可）

……1000g

グラニュー糖……200g

水……250ml

エルダーフラワーシロップ

……大さじ2

溶き卵（ドリュール用）

……1個分

至福のバナナケーキ

† 材料（魔法使いのパティシエ6〜8人分）

必要な道具

パウンドケーキ型（テフロン加工、シリコン加工など型離れのよいもの）

フードプロセッサー

卵……2個

塩……1つまみ

バニラビーンズ……1本

バナナ……2本

ブラウンシュガー……120g

常温に戻したバター……100g

生クリーム……50ml

薄力粉……120g

コーンスターチ……110g

ベーキングパウダー……5g

キャラメル・キャンディ（ヴェルタース・オリジナルなど）
……8個

かの有名な国際菓子コンテストで、悪賢い〝リリーおばさん〟と対決することになったローズ。これに勝てば、盗まれた料理帳を返してもらえる約束なのだ。ローズが作るのは、ごくシンプルなバナナケーキ。え、これで本当に勝てるのかって？　見た目は素朴でも、愛情と誠意をたっぷり込めて作れば、きっと決勝戦を突破できるはず。

† 調理時間・20分　† 加熱時間・50分

1) オーブンを180℃に熱しておく。卵を黄身と白身に分ける。卵白に塩を加え、最初はゆっくりとかき混ぜ、徐々にスピードを上げながら、ツノが立つまでしっかり泡立てる。バニラビーンズのさやを縦に割り、ナイフの背で中の種をすべてこそぎ取る。

2) バナナの皮を剥いて、実をつぶしてピューレ状にする。ブラウンシュガーとバターを大きめのボウルに入れ、よく混ぜてクリーム状にする。1)の卵黄を1つずつ加え、バナナのピューレ、生クリームを加えて混ぜる。薄力粉、コーンスターチ、ベーキングパウダーをふるいにかけ、ボウルに加えて混ぜる。1)の泡立てた卵白とバニラビーンズの種を加え、全体が均一になるまで混ぜる。

3) キャラメル・キャンディをフードプロセッサーで攪拌して細かく砕き、2)のボウルに加える。型に流しこみ、全体を均等に整えてからオーブンに50分入れる。35分後に一旦取り出し、すでに表面が茶色くなっていたら、アルミホイルをかぶせ、オーブンの温度を下げてから再び中に入れる。竹串を中心に刺して、何もくっつかなければ完成。冷めた後で型からはずす。

魔女のお菓子の家

† **材料**（食いしん坊8人分）

必要な道具
丸口金と絞り袋

生地用
ブラウンシュガー……100g
常温に戻したバター……150g
卵……1個
薄力粉……250g
塩……1つまみ
シナモンパウダー……小さじ1
ジンジャーパウダー
……小さじ1/2

グラサージュ用
粉状に砕いたメレンゲ
……100g
粉糖……500g
レモン果汁
……大さじ20（約250ml）

飾りつけ用
粒状糖衣チョコレート（マーブルチョコ）……適量
キャンディケイン……2本
ウエハース……少量
グミ、砂糖菓子、チョコレート菓子など……適量

森で迷ったヘンゼルとグレーテルは、夢のように素晴らしい家にたどり着いた。壁はケーキ、窓は砂糖菓子など、すべてお菓子でできている。やさしくて親切なおばあさんに招かれて、大喜びで家の中に入るふたり。ところがおばあさんは恐ろしい魔女で、ふたりを食べるためにおびき寄せたのだった……。

† **調理時間・40分**　† **加熱時間・10分**

† **冷蔵時間・1時間**　† **寝かせ時間・6時間**

1) 生地を作る。ブラウンシュガーとバターを大きめのボウルにいれ、クリーム状になるまで混ぜる。卵を加えて混ぜ、薄力粉、塩、シナモンパウダー、ジンジャーパウダーを加え、均一になるまでよく混ぜる。ボール状にまとめてラップで包み、冷蔵庫に1時間入れる。

2) オーブンを190℃に熱しておく。1)の生地を厚さ2〜3mmほどに伸ばし、屋根2枚、壁4枚を切り抜く（完成形と大きさをよく考えながら切ること）。必要に応じて窓を開ける。オーブンに10分入れて冷ます。グラサージュ用の砕いたメレンゲと粉糖に、レモン果汁の2/3を加えて混ぜる。残りのレモン果汁を少しずつ加えながら、ねっとりして粘り気のある状態にする。丸口金をつけた絞り袋に入れる。

3) 皿の上に2)のグラサージュで家の土台を描き、その上に4枚の壁を立てて家を組み立てる。グラサージュを糊代わりにして壁と屋根を貼りつけ、しっかりくっつけるために20秒待ってから手を離す。乾くまで3時間寝かせる。

4) 壁にグラサージュを施し、砂糖菓子で飾りつける。屋根のてっぺんに棟木をつけるのを忘れずに。ビスケットの箱などで屋根を支えておき、乾くまで3時間寝かせる。

5) 屋根にグラサージュを施し、粒状糖衣チョコレートで飾りつける。玄関ドアの左右にキャンディケインを貼りつける。ウエハースで玄関アプローチの階段を作る。グミなどでよろい戸を作って窓の両脇に貼りつける。あとは自分の好きなようにお菓子の家を作ってみよう。

恋の病を癒やすケーキ

父親である王から逃れた王女は、貧しい村娘になりすまして、他国の森の粗末な小屋で暮らしはじめました。すると、彼女を見そめたその国の王子が恋の病を患います。王女はそんな王子のために、自らの指輪を入れてこのケーキを焼き上げました。

† 調理時間・20分　† 寝かせ時間・2時間45分

† 加熱時間・1時間

1) 生イーストを軽くほぐしてボウルに入れ、温めた牛乳を加えてよく混ぜ、暖かいところで15分ほど寝かせる。
2) バターとグラニュー糖をボウルに入れ、泡立て器で混ぜる。ふるいにかけた薄力粉を加えてよく混ぜる。アーモンドとクルミを大きめに砕く。レモンの皮を千切りにする。
3) 早朝、鶏小屋へ行って新鮮な卵を取ってくる。卵を割り、2)のボウルに加えて混ぜる（殻は入れないこと！）。2)の砕いたアーモンドとクルミ、レーズン、2)のレモンの皮、1)の生イースト、ラム酒を加え、5分ほどよくこねる。春雨の色をした布巾を濡らして固く絞り、ボウルにかぶせる。およそ2倍の量になるまで、暖かいところで1時間30分ほど発酵させる。
4) 打ち粉をした作業台の上で、3)の生地がよく伸びるようになるまでこね、型に入れる。朝靄の色をした布巾を濡らして固く絞り、型の上にかぶせる。暖かいところで1時間寝かせる。
5) オーブンを200℃に熱し、4)を1時間入れる。冷めたら型からはずす。ナイフの先端でケーキの側面に切り込みを入れ、婚約指輪をケーキの内側に入れる。粉糖を振ってから、愛しい王子に手渡そう。

† 材料（妖精、王、王子、王女など8〜10人分）

必要な道具
クグロフ型（テフロン加工、シリコン加工など型離れのよいもの）
婚約指輪

生イースト……15g
温めた牛乳……200ml
常温に戻したバター……100g
グラニュー糖……100g
薄力粉……250g+少量（打ち粉用）
アーモンド（無塩）……60g
剥きクルミ（無塩）……60g
有機レモンの皮……1個分
卵……3個
レーズン……60g
ラム酒（あれば）……60ml
粉糖……大さじ6

小学三年生が考案したヴァトルーシュカ

長くつらいコロナ禍が一段落したある日、ベテラン女教師のアレクサンドラ先生は、受け持ちの児童たちの顔を見回しました。ああ、みんななんて悲しい顔をしているんでしょう！ そこで先生は、今年度の学習課題を「魔法」にし、児童たちを元気づけようとしました。さて、その後どうなったでしょう？ 子どもたちは一致団結して魔法のお菓子を考案し、教室はすっかり明るさを取り戻しましたとさ。めでたし、めでたし。

† 調理時間・5分　　† 加熱時間・5分

† 寝かせ時間・1時間　　† 冷蔵時間・2〜12時間

1) オーブンを180℃に熱しておく。生地を作る。薄力粉とバニラシュガーをボウルに入れて混ぜ、バターと卵を加え、なめらかになるまでよく混ぜる。ひとまとめにし、冷蔵庫で数分、うとうと夢見心地になる程度に寝かせておく。

2) フィリングを作る。フロマージュ・ブラン、生クリーム、卵、グラニュー糖を大きめのボウルに入れる。魔法の杖を使って全体を均一に混ぜ合わせる。

3) 1) を作業台にのせ、麺棒で伸ばす。あらかじめバターを薄く塗って小麦粉を振っておいたタルト型に、きみの小学生らしい細い指で生地を敷きこむ。クッキングシートをのせ、重石を置いて10分空焼きする。オーブンから出して2) のフィリングを詰める。上からレモンの皮をすり下ろし、レーズンを散らす。

4) オーブンで40分焼き、常温で1時間ほど冷ます。冷蔵庫に入れ、最短で数時間、もしきみが我慢強ければ明日の朝まで寝かせる（そのほうがおいしく食べられるよ）。

5) 食べる直前に赤い果実を散らす。アブラカダブラ！ スラヴのおいしいデザート、ヴァトルーシュカの出来上がり！ 上手にできたね、さあ、たっぷり召し上がれ。

† 材料（6〜8人分）

必要な道具

タルト型（直径22〜24cm）

生地用

薄力粉……250g

バニラシュガー……100g

常温に戻したバター……100g

卵……1個

バターと小麦粉（型用）

……少量

フィリング用

フロマージュ・ブラン……500g

生クリーム……大さじ4

卵……3個

グラニュー糖……100g

有機レモン……1個

レーズン……60g

季節の赤い果実（ラズベリー、

ブルーベリー、スグリなど）

……60g

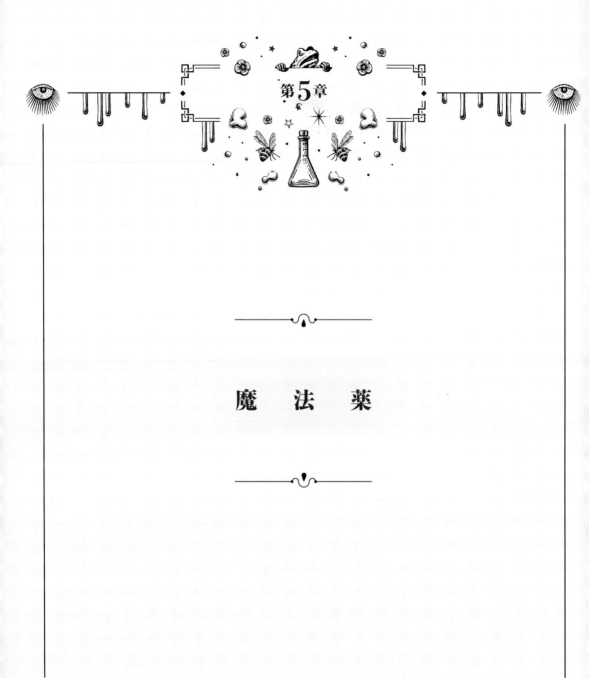

第5章

魔　法　薬

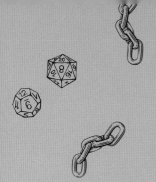

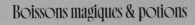

タイムストップ・スフィアー

誘拐された娘を救い出すためにレッド・ウィザードと戦う時は、躊躇せずにこのスフィアーを使うこと。一時的に相手の攻撃を止めたい時に使われる呪文だ。

† 材料（6個分）

必要な道具
半球形シリコンモールド（直径5cm×12個）
刷毛

ブラックチョコレート……150g
オレンジピール……2～3本
フリーズドライインスタントコーヒー……大さじ3
ミニマシュマロ……30g
シナモンパウダー……少量
食用光沢粉末……適量

† 調理時間・20分

1）自分に適したやり方でチョコレートを溶かす。レベル1：電子レンジを使う。レベル2：魔法を使う。レベル3：ドラゴンに火を吐かせる（この場合、自分自身はどうなってしまうかをダイスを振って確かめること）。

2）調理専用の刷毛を使って（メイク用、ペンキ用のものは使わないこと）、モールドの内側に1）を薄く塗る。乾くのを待ってもう一度塗る。こうして、薄いけれど簡単には壊れない程度に丈夫なチョコレートの殻（シェル）を作る。

3）2）が固まるのを待ちながら、オレンジピールを小さくカットする。2）のシェルをそっとモールドからはずす。壊さないよう気をつけること。そのうちの6個の内側に、インスタントコーヒー、マシュマロ、シナモンパウダー、オレンジピールをだいたい同量ずつ詰める。

4）鍋（またはフライパン）を加熱する。3）の何も詰めていないほうのシェルの口を鍋底に数秒押し当てて、端を軽く溶かす。中身を詰めたほうのシェルにくっつけてフタをする。互いの端がずれていないことを確認し、乾かす。きみの装備に合う色の食用光沢粉末を振りかける。

5）熱々のミルク（分量外）をカップに注ぎ、スフィアーを浮かべて時間を止めよう。

マウイ特製スムージー

珊瑚礁の向こうの海へ行くなんて、いったいどうしたらモアナのように勇敢になれるんだろう？　それに、あのマウイは天を持ち上げたっていうじゃないか！実はふたりが発揮する超人的なパワーは、このドリンクの魔力のおかげであるらしい。

† 調理時間・5分

1) 作業台にのせたライムを、手のひらで強く押しながら転がす。2つに割って、茶こしに通しながら果汁を絞る。

2) パイナップルの水を切り、大きめにカットする。シロップは取っておく。マンゴーとバナナの皮を剥き、種を取り、大きめにカットする。

3) 2)のカットしたフルーツをフードプロセッサーに入れ、1)のライム果汁とココナッツミルクを加える。1分ほど攪拌する。どろりとしすぎているようなら、好みの濃度になるまで2)で取っておいたシロップを加える。

4) ココナッツシェルボウルに3)を注ぎ入れ、キューブ氷を数個浮かせ、ストローを挿す。青い海をうっとりと眺めながら味わおう。

† 材料（探検家4人分）

必要な道具

フードプロセッサー（ミキサー、ハンドブレンダーでも可）

ライム……1個
マンゴー……1個
バナナ……1本
缶詰のパイナップル……200g
ココナッツミルク……200ml
キューブ氷……適量

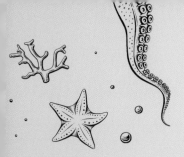
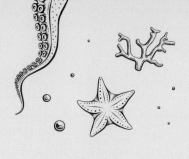

海底の泡

† 材料（4杯分）

ブルーベリージュース
……500ml
タピオカパール……60g
バナナジュース……500ml
スピルリナパウダー……小さじ1

恐ろしい魔女のアースラは、不幸せな者たちを次々と大鍋に放りこみ、ぐつぐつと煮込んでしまう。だが、彼女がその鍋を使ってしょっちゅうおいしい飲み物を作っていることは、あまり知られていない……。

† 調理時間・10分　† 加熱時間・15分

1) ブルーベリージュースを鍋に入れて火にかけ、ぐつぐつと沸騰させる。タピオカパールを加えて15分煮る。タピオカパールを鍋から取り出して、水気を切って冷ます。

2) バナナジュースをボウルに入れ、スピルリナパウダーを加えて混ぜる。どろりとしすぎているようなら、水を加えて濃度を調整する。

3) 1)のタピオカパールを人数分のグラスに分け入れ、2)を注ぐ。勝利を祝いながら飲もう。

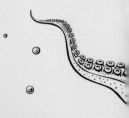

魔法のポーション

ローマ人の垂涎の的である、かの魔法薬! その効用は多岐にわたり、いまだ全容は解明されていないが、飲んだ者が怪力になるのは間違いないようだ。ほかに、声が出ない人がしゃべれるようになったり、ヒナギクの開花を早めたりする効果もあるという。

1) 森の向こうで月が空に上ったら、カシスジュースと聖なる清水を愛用の大鍋に入れて火にかける。さて、次の工程はくれぐれも慎重に。好みの量のハチミツを加え、左回りに3回、右回りに2回、最後に夏至の月の動きとは真逆の反対のあべこべの向きに5回かき混ぜる。そのまま5分加熱する。仲間うちで一番屈強な戦士に頼んで、レモンの果汁を絞ってもらい、そのまま取っておく。

2) 冬の夜空のように透き通ったクリスタル製ジョッキに注ぎ分ける。1)のレモン果汁を加える。すると、闇のような濃紺から、ルビーのような赤に色が変わるはずだ。もしここで爆発してしまったら、初めからやり直し。イチゴジュースを加えて味見し、必要に応じてハチミツをさらに加える。さあ、これで完成だ!

† 調理時間・5分
† 加熱時間・5分

† 材料(1鍋分)

カシスジュース……1000ml
聖なる清水……100ml
ハチミツ……適量
レモン……4個
イチゴジュース……500ml

吟遊詩人のためのエリクサー

吟遊詩人、とりわけ天才吟遊詩人なら、決して喉のケアを怠ってはならない。さあ、こちらは、ガリアきっての吟遊詩人、アシュランストゥリックス秘蔵のエリクサーだ。村人たち、そして時にはローマ人たちに美声(?)を披露する機会には、必ず直前に服用しているという。

1) さあ、大きく深呼吸してー、はい、どうぞ! ……あれ、どうした? え、声が出ないって? こないだの宴会で風邪でも引いたかい? そんな時はすぐにこれを飲もう。ショウガの皮を剥いて輪切りにする。汲みたての澄んだ水を小鍋に入れて火にかける。輪切りにしたショウガ、レモン果汁、シナモンスティック、ハチミツを加え、15分ほど加熱する。沸騰させないよう気をつけること。

2) 濾し器に通し、壺や水筒に注ぎ入れる。保温したままこまめに飲もう。朝から飲みはじめれば、夜のとばりが下りる頃には回復しているはず。さあ、息を思いきり吸ってー、はい、歌って! あ、オルドラルファベティックスが投げてくる魚に気をつけて! 最近は命中率が高くなってきたから!

† 料理時間・5分
† 加熱時間・15分

† 材料(1壺分)

ショウガ……1cm
水……500ml
レモン果汁……1個分
シナモンスティック……1本
ハチミツ……大さじ1

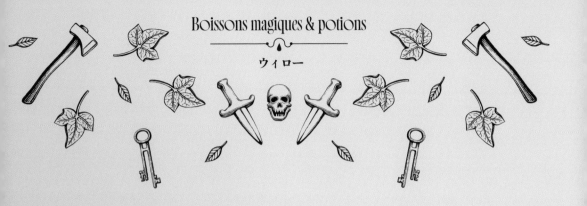

浄化のポーション

ガラドーン王国の王子グレイドンが、黒魔術に侵されてしまった！ 休む場所を探していたウィロー、キット、エローラたちは、悪の女王バヴモーダがかつて支配していたノックマール城に入ることに。はたして魔女のリッチに乗っ取られたグレイドンを、うまく浄化させられるのだろうか?

† 材料（4人分）

レモン……1個
ミントの葉……2枚
アボカド……2個
キウイ……4個
ハチミツ……小さじ4
国じゅうでもっとも清らかな水
……400ml

† 調理時間・5分

1) 作業台にのせたレモンを、手のひらで強く押しながら転がし、2つに割って果汁を絞る。ミントの葉を洗う。アボカドの皮を剣（サーベルでも可）で剥き、キウイの皮を得意の呪文で剥く（ナイフを使ってもよい）。

2) アボカド、キウイ、ミントの葉、レモン果汁、ハチミツ、水を、渦巻き破壊魔法にかける（21世紀の人間界ではフードプロセッサーやミキサーを使う）。ただし、完全には破壊しないこと。浄化作用の効果を高めるには、果肉が残っているのが望ましい。

3) ポーションが茶色っぽくならないうちに飲む。変色してから飲むととんでもないことに……いや、何が起こるかは言わないほうがよいだろう。

ドクター・ケルベロスのミルクシェイク

グリーンデイルの住人たちの行きつけ、〈ケルベロス書店〉のミルクシェイクは、とろけるようにおいしくて、魔法にかけられた気分になる。サブリナが友人たちと一緒にパラレルワールドに陥った時でさえ、あのミルクシェイクの味は少しも変わらなかった。

† 調理時間・5分

1) バニラアイスを使用する15分前に冷凍庫から外に出し、柔らかくしておく。
2) 1)のアイスをボウルに入れ、牛乳を注ぎ、ハンドブレンダーで攪拌する。1分回すごとに、一旦スプーンでかき混ぜること。どろりとしすぎているようなら牛乳を大さじ1、逆にさらりとしすぎているようならバニラアイスを大さじ1加える。
3) 2)をグラスの2/3の高さまで注ぐ。
4) バナナの皮を剥き、輪切りにして3)のグラスに加える。ホイップ済み生クリームをのせ、ココアパウダーを振り、カラフルチョコスプレーを散らす。そして一番大切なのは、てっぺんにのせるドレンチェリーだ。これで完成！ スプーンとストローで味わおう。あ、現代の魔法使いは、環境にやさしいストローを使うこと！

† 材料（友人4人分）

必要な道具

ハンドブレンダー（ミキサー、フードプロセッサーでも可）

バニラアイス……4スクープ
牛乳……250ml
バナナ……2本
ホイップ済み生クリーム……適量
ココアパウダー……小さじ4
カラフルチョコスプレー……4つまみ
ドレンチェリー……4個

レイヴンのためのカクテル
〈イエティーニ〉

ネヴァーモア学園のダンス会〈レイヴン〉には、パンチの効いたカクテルが必要だ！ 給仕の女性からにっこりほほ笑んで差しだされた、一見ごくふつうのおいしそうなカクテルにも、実はあっと驚く味が潜んでいるかもしれない……。さあ、血の雨がきみの頭上に降り注ぐ前に急いで味わおう。

† 材料（ネヴァーモア学園の生徒8人分）

レモン果汁……1個分
ココナッツロング……100g
青色のスポーツドリンク（ゲータレード青など）……1本
レモネード……500ml

† 調理時間・10分

1）レモン果汁を深皿に注ぎ、ココナッツロングを別の皿に広げる。グラスを逆さにして端をレモン果汁に浸し、続けてココナッツロングの上にのせてくっつける。ハンドに頼んで、ココナッツロングをそっと押してしっかり貼りつけてもらおう。

2）スポーツドリンクをグラスに注ぎ、その上からレモネードをそっと注ぐ。ココナッツロングがついた端から、人狼の鉤爪1つ分ほど下（1.5cmくらい）まで注ぐこと。グラスの中から、仲間を迎え入れる蜂の群れのようなブンブンいう音が聞こえたら、きみもネヴァーモア学園の秘密組織に入会できる。

戦闘のためのポーション（ウィッチャー）

人狼退治に出かけたゲラルトだったが、大陸の状況は想像以上に深刻だった。人々を次々と襲うモンスターを倒すためにテメリア王国を訪ねたゲラルト。ところがモンスターの正体は、なんとフォルテスト王とその妹の間に生まれた娘だった……。厳しい戦闘の前にゲラルトが必ず飲んでいるのがこの薬だ。

† 調理時間・10分

1) きみのレベルに合った魔法を使って、氷塊を粗めに砕く。レモン1個をスライスし、中心まで切り込みを入れてグラスの縁に差す。余ったレモンスライスはグラスの中に落とす。

2) もう1個のレモンを作業台にのせ、手のひらで強く押しながら転がす。革手袋はあらかじめはずしておくこと。2つに割り、清潔なクモの巣（茶こしでも可）に通して果汁を絞る。3種類のジュースとレモン果汁を水差しに入れて混ぜる。小瓶に入れてポケットに忍ばせておき、戦闘が始まる直前に飲もう（出かける時は、はずした革手袋を忘れずに！）。時間に余裕のあるときは、グラスに1) の砕いた氷を入れて飲むと、よりおいしく味わえる。

† 材料（全レベルの魔法剣士6〜8人分）

氷塊……1個
有機レモン……2個
クランベリージュース……500ml
ブドウジュース……500ml
桃ジュース……250ml

アスティのヤクノッグ（ヒックとドラゴン）

バーク島のバイキングたちは、1年の終わりのスノッグルトッグの日に一堂に会し、ドラゴンを讃えてお祝いをする。この祝祭の定番ドリンクがヤクノッグだ。アスティによってふるまわれるが、一度味わうと忘れられなくなるほど美味だという……。

† 調理時間・5分　† 加熱時間・5分

1) 牛乳を鍋に入れて弱火にかけ、ハチミツを加えて溶かす。愛用の斧でバニラビーンズのさやを縦に割り、ナイフの背で中の種をこそぎ取る（使用済みのさやは捨てずに再利用しよう。砂糖壺に入れるとバニラのよい香りが砂糖に移る）。

2) バニラの種とホイップ済み生クリームを1) の鍋に加え、集中して一生懸命かき混ぜる。もしグロンクルのミートラグがすり寄ってきてもかまわずに放っておくこと。

3) カトルエピスを振り、アスティのようにクールに「よくかき混ぜてから飲んでよ！」と言い放とう。

† 材料（勇敢なバイキング6人分）

牛乳……500ml
ハチミツ……大さじ3
バニラビーンズ……1本
ホイップ済み生クリーム（無糖）……125g
カトルエピス……小さじ1

吸魂鬼のキス

吸魂鬼（ディメンター）がやってくると、あたりは異常なまでの霧と寒さに覆われ、からだが身動きできなくなり、魂が抜け殻になってしまう。

† 調理時間・5分

† 材料（魔法使い6人分）

有機レモン3個分の果汁と井戸水（あるいはレモンジュース）
……1000ml
有機レモンの皮……3個分
モヒートミントシロップ
……300ml

1）クリーチャーに頼んで、レモンを手で押しつぶしてから半分に割ってもらう。酸っぱい果汁をたっぷりと絞り取る。この日のために703年前から保管してあった枕カバー（あるいはキッチンペーパー）で濾して、井戸水と混ぜ合わせる。

2）クリーチャーにナイフをよく研いでもらう。1）のレモンの皮を剥き、女主人さまの好みの味にするために1）のジュースに加える。

3）善良な屋敷しもべ妖精に頼んで、偉大な魔法使いたちの美しいグラスに、モヒートミントシロップを注いでもらう。2）のジュースを、グラスの縁に沿って糸状に細く垂らしながらそっと注ぎ、緑っぽくてくすんだ美しい色にする。尊敬すべき女主人さまが穢れた血を見る時の目のような、冷たいドリンクの完成。女主人さまの命令に従って、クリーチャーが供する。

† 調理時間・15分
† 加熱時間・30分

破れぬ誓いのワイン（ノンアルコール）

決して破棄することのできない、破れぬ誓い。誓約を破った者は死ぬ運命にある。ナルシッサ・マルフォイは、息子のドラコがヴォルデモート卿の命令を遂行できるよう見守るという誓いを、セブルス・スネイプと交わした。このワインはその時に飲んだものである。

† 材料（1000ml分）

有機オレンジの皮……3個分
ブドウジュース……500ml
クランベリージュース
……250ml
リンゴジュース……1250ml
クローブ……6個
カルダモン……6粒
シナモンスティック……3本
八角……3個
レーズン……1つまみ
きび砂糖……大さじ1

1）諸君、まずは泉から湧き出た汚れなき清水でオレンジを洗いたまえ。セクタムセンプラ（切り裂け）の呪文を巧みに使いながら、皮を剥け。11月の月曜、霧がたちこめる満月の夜に、大鍋を火にかけて、3種類のジュース、オレンジの皮、スパイス類、レーズンを入れてぐつぐつと煮こむのだ。

2）沸騰させ、表面に浮かぶ泡がゴブリンの足の親指ほどの大きさになったら、火を弱めよ。きび砂糖を加え、そのまま弱火で30分ほど加熱するのだ。濾し器に通し、熱いうちに──好みによって冷やしてもよいだろう──飲む。だが決して忘れてはならぬぞ。この破れぬ誓いを破棄すれば死が待っている……。

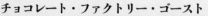

マクバッジ・ホットチョコレート

深夜の底なし奈落やダークロードのような暗い気分になった時は、アーチー、ビリー、フリスの真似をしてみよう。マクバッジ菓子工場に隣接するこぢんまりしたカフェ〈クルーティー・ダンプリング〉で、あったかいホットチョコレートを作ってもらうのだ。

†調理時間・10分　†加熱時間・10分

1）親戚のプディンガム・パイ夫人による見張りの目を盗んで、牛乳を鍋に入れてとろ火にかける。吹きこぼさないよう気をつけること。

2）工場長のハンキークラスト氏に頼んで、バニラビーンズのさやを縦に割ってもらう。ナイフの背で中の種をこそぎ取り、1）の鍋に加える。

3）ハニーストーンを、すり鉢とすりこぎで砕く（あるいはフードプロセッサーで撹拌する）。その2/3量を、ココアパウダーと一緒に2）の鍋に加える。とろ火に10分ほどかける。

4）マシュマロをさいの目に切り、ホワイトチョコレートをスライサーやピーラーで削る。3）の鍋の中身をマグカップ4つに注ぎ分け、マシュマロを散らし、削りチョコレートと、3）の砕いたハニーストーンの残りを振りかける。

5）冷たい雨が降っている寒くて憂鬱な日でも、これを飲めば誰でも必ず気分が上がるはず！

†材料（4人分）

必要な道具
ドラコニウム鉱石製すり鉢とすりこぎ

牛乳……500ml
バニラビーンズ……1本
ハニーストーン（蜜蝋石）（あるいはヴェルタース・オリジナルなどのキャラメル・キャンディ）……4個
ココアパウダー……小さじ4
マシュマロ……1握り（大きさによって4〜8個）
ホワイトチョコレート……40g

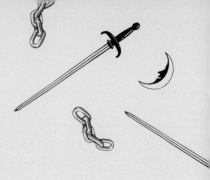

Boissons magiques & potions

ロックウッド除霊探偵局

ルーシーのスムージー

ロックウッド除霊探偵局に、助手としてホリーが新たに仲間入りした。でも、ルーシーは彼女をあまりよく思っていないみたい……。え、ヤキモチを焼いてるんだろうって？　まさか！　ほら、頭蓋骨の霊だってそう言ってるし……ええと、たぶん……。いずれにしても〈封霊びん〉は封印されているし、霊聴力を持つルーシーにしかその霊の声は聞こえないんだけどね。

† 材料（1ボウル分）

必要な道具
フードプロセッサー

キウイ（頭蓋骨の霊が好きな色だから）……1個
バナナ……1本
オレンジ……1個
好みの植物性ミルク（頭蓋骨の霊によると、マリッサ・フィッテスはオーツミルクとヘーゼルナッツミルクを半々に混ぜたものが好きだったらしい）……100ml
ハチミツ……大さじ2
好みのドライフルーツ（アンズ、レーズン、リンゴなど）……1握り
好みのナッツ（ヘーゼルナッツ、アーモンドなど）……1握り

† 調理時間・10分

1) キウイとバナナの皮を剥き、小さくカットしてフードプロセッサーに入れる。オレンジを絞り器にかけ、果汁をキッチンペーパーで濾し（種を取り除くため）、植物性ミルクと一緒にフードプロセッサーに加える（好みでオレンジの果肉を加えてもよい）。均一になるまで撹拌する。

2) ボウルに注ぎ入れ、ハチミツ、ドライフルーツ、ナッツを加えて出来上がり。グラスに注ぎ分け、穏やかなたそがれ時に味わおう。あ、頭蓋骨の霊がいらつくことばかり言うなら、〈封霊びん〉ごと戸棚の奥に閉じ込めるぞと脅してやろう。あーあ、高い超能力を持つのも楽じゃないよね……。さて、装備を確認して、いざ悪霊退治に出かけよう！

参考文献・資料

書物の中の魔法使いたち

『アンデルセンの童話2 人魚姫』ハンス・クリスチャン・アンデルセン、福音館書店、2003年, 他邦訳あり

『ピーター・パン』ジェームズ・M・バリ、岩波少年文庫、2000年、他邦訳あり

« 50 contes et histoires enchantées » C. COHEN, Y. HADDAD, D. SOLDI, Compagnie Internationale du Livre, 1980年

« Contes et Légendes de Brocéliande » COLLECTIF, Terre de Brume, 2000年

『ナルニア国』シリーズ　1〜7巻、C・S・ルイス、岩波少年文庫、2000年、他邦訳あり

『チョコレート工場の秘密』ロアルド・ダール、評論社、2005年

『魔女がいっぱい』ロアルド・ダール、評論社、2006年

« Atérix » René GOSCINNY, Albert UDERZO, Jean-Yves FERRI, Dargaud, Albert & René, Hachette, 1959〜2016年

『グリム童話集』ヴィルヘルム・グリム、ヤーコブ・グリム、岩波文庫、1995年

« Yakari » JOB, Joris CHAMBLAIN, Xavier GIACOMETTI, Dargaud, André Jobin, Casterman, Le Lombard, 1969年〜

« 43, rue du vieux cimetière » tomes 1 à 7, Kate KLISE, Albin Michel, 1969年〜

« Houdini et sa légende » Roland LACOURBE, Editions technique du spectacle, 1982年

« La Pâtisserie Bliss » tomes 1 à 5, Kathryn LITTLEWOOD, Pocket Jeunesse, 2012年〜

« La Maison Chapelier » tomes 1, 2, Tamzin MERCHANT, Gallimard Jeunesse, 1990年

『ミルドレッドの魔女学校』シリーズ　1〜4巻、ジル・マーフィ、評論社、2002年

« Des confitures » NOSTRADAMUS, adaptation Fabrice Guérin, Olivier Orban, 1981年

« Le Fantôme de la chocolaterie » tome 1〜, Pocket Jeunesse, 2022年〜

『ハリー・ポッター』シリーズ　1〜7巻、J・K・ローリング、静山社、1999〜2008年

『フランケンシュタイン』メアリー・シェリー、新潮社、2014年、他邦訳あり

『ロックウッド除霊探偵局』シリーズ　1〜2巻、ジョナサン・ストラウド、小学館、2015年〜

『風にのってきたメアリー・ポピンズ』P・L・トラヴァース、岩波少年文庫、2000年　他邦訳あり

『ゆうれい作家はおおいそがし』シリーズ、ケイト・クラウス、ほるぷ出版、2014年〜

『中つ国』シリーズ

『ホビットの冒険　オリジナル版』、J・R・R・トールキン、岩波書店、2002年、他邦訳あり

『新版　指輪物語〈1〉—〈4〉旅の仲間』J・R・R・トールキン、評論社文庫、1992年

『新版　指輪物語〈5〉—〈7〉二つの塔』J・R・R・トールキン、評論社文庫、1992年

『新版　指輪物語〈8〉—〈9〉王の帰還』J・R・R・トールキン、評論社文庫、1992年

映画やテレビの中の魔法使いたち

『サブリナ：ダーク・アドベンチャー』シリーズ　ロベルト・アギーレ＝サカサ制作、2018年〜

『チャーリーとチョコレート工場』ティム・バートン監督、ワーナー・ブラザース他制作、2005年

『チャームド　魔女3姉妹』シリーズ、コンスタンス・M・バーグ原案、スペリング・テレビジョン他制作、1998〜2006年、
　　2018年

『ミルドレッドの魔女学校（ワーストウィッチ）』シリーズ、CBBC、ZDF、Netfrix共同制作、2017年〜

『ヒックとドラゴン』シリーズ、ディーン・デュボア、クリス・サンダース監督、ドリームワークス・アニメーション制作、2010年〜

『ロバと王女』ジャック・ドゥミ監督、パルク・フィルム、マリアンヌ・プロダクション、1970年

『ドクター・ストレンジ』シリーズ、スコット・デリクソン監督、マーベル・スタジオ制作、2016年〜

『ストレンジャー・シングス　未知の世界』シリーズ、ザ・ダファー・ブラザーズ制作、2016年〜

『ポカホンタス』マイク・ガブリエル、エリック・ゴールドバーグ監督、ウォルト・ディズニー・ピクチャーズ制作、1995年

『ウィッチャー』シリーズ、ローレン・シュミット・ヒスリック原案、ネットフリックス制作、2019年〜

『ウィロー』ロン・ハワード監督、ルーカスフィルム、イマジン・エンターテインメント制作、1988年

『ウィロー』シリーズ、ルーカスフィルム、ディズニープラス配信、2022年〜

『ジュマンジ』シリーズ、ジョー・ジョンストン、ジェイク・カスダン監督、コロンビアピクチャーズ制作、1995年〜

『ウェンズデー』シリーズ、ティム・バートン他監督、アルフレッド・ガフ、マイルズ・ミラー制作、ネットフリックス配信、2022年〜

『トロールズ』シリーズ、マイク・ミッチェル、ウォルト・ドーン監督、ドリームワークス・アニメーション制作、2016年〜

『魔女の宅急便』宮崎駿監督、スタジオジブリ制作、1989年

『アラジン』ジョン・マスカー、ロン・クレメンツ監督、ウォルト・ディズニー・ピクチャーズ制作、1992年

『リトル・マーメイド』ジョン・マスカー、ロン・クレメンツ監督、ウォルト・ディズニー・ピクチャーズ制作、1989年

『モアナと伝説の海』ジョン・マスカー、ロン・クレメンツ監督、ウォルト・ディズニー・ピクチャーズ制作、2016年

『ホーカスポーカス』シリーズ、ケニー・オルテガ、アン・フレッチャー監督、ウォルト・ディズニー・ピクチャーズ制作、1989年〜

『王様の剣』ウォルフガング・ライザーマン監督、ウォルト・ディズニー・プロダクション制作、1964年

『モンスター・ホテル』ゲンディ・タルタコフスキー監督、ソニー・ピクチャーズ・アニメーション制作、2012年

« Abraca » Série, TOT, Anne-Charlotte CHAFER, Denis BARDIAU, MadLab Animations, 2019年〜

『リメンバー・ミー』リー・アンクリッチ監督、ピクサー・アニメーション・スタジオ、ウォルト・ディズニー・ピクチャーズ制作、
　　2017年

« Théodosia » Joe WILLIAMS, HBO Max, CCBC

ゲームの中の魔法使いたち

『ダンジョンズ＆ドラゴンズ』TSR、ウィザーズ・オブ・ザ・コースト制作、1974年〜2016年

『ウィッチャー』シリーズ、アンドレイ・サプコフスキ原作、CD Projekt開発、2007〜2015年

インデックス

謝辞

ディディエ、いつもサポートしてくれてありがとう。あなたの幸運を心から祈ります。

笑顔と平常心を絶やさず、締め切りと不安定要素と想定外の出来事を巧みにコントロールする仕切り名人、魔法使い編集者のマルジョリー、ありがとう。
手探り状態の中で仕事をしてくれたソラール社のスタッフの面々……グラフィックデザイナー、校正者、校閲者、装丁者、広報担当者などの皆さん、あなたたちがいなければこの本は完成しませんでした。どうもありがとう。

デザインとレイアウトを担当してくれたエロイーズとアメリーに感謝します。

本シリーズならではのスタイリングを施し、素晴らしい写真を撮影してくれたディアヌとアンヌ、ありがとう。
本書のためにその類まれなる才能と厚意を発揮してくれたトロワ・クール・グルマン（troiscoeursgourmands.com）のナッシラ・サマケ、ウェンズデー（P140）とフランケンシュタイン（P155）のレシピを考案してくれてありがとう。

8時44分クラブのみんな、いつも力一杯励ましてくれて、公正な見解を述べてくれてありがとう。

シルヴィー、貴重なアイデアとアドバイスに助けられました。
どんなに大変な時でも丁寧に仕事をしてくれたPh、M、G、N、ありがとう。

興奮したり（初めは）、我慢したり（仕事中は）、喜んでくれたり（最後は）した家族のみんな、ありがとう。

数カ月にわたる執筆期間を支え、料理試作の繰り返しに耐え、どんな時でも一緒に大笑いしてくれた、やさしいダーリン、ありがとう。

そしてもちろん、親愛なる読者の皆さん、あなたたちのおかげで本書を刊行できました。

オーレリア・ボーポミエ

デザイナーより謝辞：
初めに、マルジョリー、いつも元気に明るくこの企画を統率してくれたこと、この素晴らしい仕事をわたしたちに任せてくれたことに、心から感謝します。

変わらぬ情熱で魅惑的なレシピを作成してくれたオーレリア、
一緒にこの企画に携わってくれて、素晴らしい才能と知識を発揮してくれたアンヌ、
この出会いのきっかけを作ってくれたモード、
より美しいページ作りのために、家の中、地下室、屋根裏部屋などで何かいいものが見つからないかと捜索してくれたアルメル、ソフィー、クレマンス、アンヌ、モノ、セバスティアン、
装飾品や置物探しのためにフランスじゅうを走り回ってくれたフランソワ、
どんな時でもこまやかに気配りしてくれたナタリー、
そしてもちろん、いつもサポートしてくれたマチュー、アレクシス、ガブリエル、
みんな本当にありがとう。

ディアヌ・グラヴァニー

編集者より謝辞：
変わらぬ意気込みでこの最新作に取り組んでくれたオーレリア、度重なる話し合いに根気よく取り組み、いつも素晴らしいアイデアを提供してくれて、そして〈ジャネット〉のマドレーヌをごちそうしてくれて、どうもありがとう。

美しく幻想的な写真を撮ってくれた、エネルギッシュなアンヌとディアヌ、
もはや本書のトレードマークとなった、わたしたちの宝であるデザインを制作してくれたアメリーとエロイーズ、
思いもよらない手助けをしてくれたヤンとフロラン、
うちの居間の装飾品を快く使わせてくれて、いつも応援し、サポートし、意見を述べてくれたニコラ、
みんなに心から感謝します。

マルジョリー・グシュ

LES GOÛTERS DES SORCIERS
by Aurélia BEAUPOMMIER

Published in the French language originally under the title:
Les goûters des sorciers
© 2023, Éditions Solar, an imprint of Edi8, Paris, France.
Japanese translation rights arranged with Editions Solar, an imprint of Edi8, Paris, France
through Japan UNI Agency, Inc., Tokyo

【著者】オーレリア・ボーポミエ (Aurélia BEAUPOMMIER)
元フランス国立科学研究センター図書館員。料理研究家。著書に『ハリー・ポッファー
──魔術師ではなく魔法使いのための非公認料理マニュアル』がある。

【訳者】田中裕子 (たなか・ゆうこ)
フランス語翻訳家。主な訳書にボーポミエ『魔法使いたちの料理帳』『魔法使いたちの料理
帳 II』(原書房)、トワナール『GRAND MICHELIN──ミシュラン調査員のことば』(アン
ドエト)、デュピュイ『美しいチョコレート菓子の教科書』(パイ インターナショナル) など。

まほうつか りょうりちょう
魔法使いたちの料理帳　III

2024年6月17日　第1刷

著　者　　オーレリア・ボーポミエ
たなかゆうこ
翻　訳　　田中裕子
装　幀　　岡 孝治
発行者　　成瀬雅人
発行所　　株式会社原書房
　　　　　〒160-0022 東京都新宿区新宿1-25-13
　　　　　電話・代表　03(3354)0685
　　　　　http://www.harashobo.co.jp
　　　　　振替　00150-6-151594

印刷・製本　シナノ印刷株式会社

©2024, Yuko TANAKA
ISBN978-4-562-07422-8, Printed in Japan